Master Transaction Agreement

民法改正対応

取引基本契約書
作成・見直しハンドブック

北浜法律事務所 編

商事法務

はしがき

　本書は、取引基本契約をテーマに、民法（債権関係）改正法による影響を踏まえて作成したものです。弊事務所（北浜法律事務所）の東京事務所、大阪事務所、福岡事務所の弁護士およびそのOB・OG計10名が、何度も打合せを行ったうえで、その内容を練り上げてきました。

　本書の構成ですが、まず第1章で取引基本契約書についての意義等を説明したうえで、第2章で民法（債権関係）改正法との関係が問題となりうる部分についての説明をし、最後の第3章で、取引基本契約書の具体的条項、その意義および論点について説明しています。

　本書の想定している読者層については、弁護士のみならず、企業の法務部員の方も想定して作成しています。そのため、コラムのなかに、「善意」、「悪意」の説明といったように、法務に携わるにあたって押さえておいた方がよい事柄をちりばめました。また、記述もコンパクトにするよう努め、必要な情報を短時間に吸収できるようにすることをめざしました。第2章、第3章の記述も、まず概要やポイントを説明したうえで、各論に入るようにしていますので、お時間のない方は、まずはそれぞれの冒頭部分に目を通していただければと思います。

　取引基本契約は一方当事者から示され、そのとおりに、あるいは若干の変更をしたうえで締結されることも多いかと思います。しかし、それぞれの規定がどういう意味を持つのか、当該規定がない場合と比べて影響があるのかないのか、あるとしてどのようなリスクを引き受けることになるのか、提示した当事者はどういう意図のもとに当該規定を設けているのかなどについて、きちんと把握できていないまま契約されているケースもままあるのではないかと思っています。交渉したうえで、適切なリスク分配にすることが望ましいことは当然ですが、パワーバランス上、変更ができない場合であっても、少なくともどのようなリスクがあるのかについては把握しておくことは重要です。本書が、そのような場面において、具体的条

はしがき

項の文言を検討する、改定案を検討する、あるいは条項の内容を深く理解する際の一助となれば幸いです。

　本書は、当初は短期間のうちに書き上げて発刊をめざすようなスケジュールで進み始めたところ、途中、民法（債権関係）改正法の成立が予測していたよりも遅れ、本書の発刊時期も大きくずれ込みましたが、筒井健夫＝村松秀樹編著『一問一答　民法（債権関係）改正』（商事法務、2018）も確認のうえ、記述を見直しており、結果、信頼性の高いものになったのではと自負しております。

　本書の刊行につきましては、商事法務の岩佐智樹氏、水石曜一郎氏、大藤大氏にきめ細やかにご対応いただき、大変お世話になりました。この場を借りて、深くお礼申し上げます。

　2018 年 3 月

編集代表　中西敏彰

目　次

はしがき　i

凡例　xviii

第1章　取引基本契約について

❶　取引基本契約の意義─────────────────2

　Ⅰ　取引基本契約の現代社会における役割・機能┄┄┄┄┄┄┄┄ 2

　Ⅱ　取引基本契約の法的位置づけ┄┄┄┄┄┄┄┄┄┄┄┄┄┄┄ 2

　Ⅲ　本書で対象とする取引基本契約┄┄┄┄┄┄┄┄┄┄┄┄┄┄ 3

❷　取引基本契約と個別契約の関係─────────────4

　Ⅰ　成立要件┄┄┄┄┄┄┄┄┄┄┄┄┄┄┄┄┄┄┄┄┄┄┄┄ 4

　　1　売買契約の成立　4

　　2　「別途定める。」条項について　5

　Ⅱ　受発注義務の有無┄┄┄┄┄┄┄┄┄┄┄┄┄┄┄┄┄┄┄┄ 5

　Ⅲ　個別契約との優先関係┄┄┄┄┄┄┄┄┄┄┄┄┄┄┄┄┄┄ 6

　Ⅳ　解除がなされたときの効果┄┄┄┄┄┄┄┄┄┄┄┄┄┄┄┄ 7

❸　継続的取引の解消についての留意点─────────────8

第2章　民法改正と取引基本契約

❶　法定利率─────────────────────12

　Ⅰ　概　要┄┄┄┄┄┄┄┄┄┄┄┄┄┄┄┄┄┄┄┄┄┄┄┄┄12

　Ⅱ　変動制による法定利率┄┄┄┄┄┄┄┄┄┄┄┄┄┄┄┄┄┄13

　　1　変動制の導入　13

　　2　利率の改定　13

　　3　商事法定利率の廃止　15

　Ⅲ　金銭債務の特則（改民419Ⅰ）┄┄┄┄┄┄┄┄┄┄┄┄┄┄15

iii

目 次

2 債務不履行による損害賠償─────────────17

Ⅰ　はじめに……………………………………………………17

　　1　債務不履行による損害賠償が問題となる場合　17

　　2　改正民法のポイント　17

Ⅱ　債務不履行による損害賠償と免責事由………………19

　　1　改正民法の内容　19

　　2　改正の趣旨　19

Ⅲ　債務の履行に代わる損害賠償…………………………20

　　1　改正民法の内容　20

　　2　「債務の履行が不能であるとき」（改民 415 Ⅱ①）　21

　　3　「債務者がその債務の履行を拒絶する意思を明確に表示した
　　　　とき」（改民 415 Ⅱ②）　22

　　4　「債務が契約によって生じたものである場合において、その契
　　　　約が解除され、又は債務の不履行による契約の解除権が発生し
　　　　たとき」（改民 415 Ⅱ③）　22

Ⅳ　履行遅滞中に履行が不能となった場合………………23

　　1　問題となる場面　23

　　2　改正民法の内容　23

　　3　例外の可能性　24

Ⅴ　損害賠償の範囲…………………………………………24

　　1　改正民法の内容　24

　　2　「損害」の概念　25

　　3　改正民法 416 条の解釈　27

3 契約の解除─────────────────30

Ⅰ　はじめに……………………………………………………30

Ⅱ　催告による解除（改民 541）……………………………30

　　1　本条が問題となる場面　30

　　2　改正民法の内容　31

　　3　債務不履行が軽微である場合　31

目　次

Ⅲ　催告によらない解除（改民 542）………………………………32

 1　本条が問題となる場面　32

 2　改正民法の内容　32

Ⅳ　債権者の責めに帰すべき事由による場合（改民 543）…………35

 1　本条が問題となる場面　35

 2　改正民法の内容　35

 3　帰責事由　35

Ⅴ　解除の効果（改民 545）……………………………………………36

 1　本条が問題となる場面　36

 2　改正民法の内容　36

Ⅵ　解除権者の故意による目的物の損傷等による解除権の消滅

（改民 548）…………………………………………………………38

 1　本条が問題となる場面　38

 2　改正民法の内容　38

④　危険負担━━━━━━━━━━━━━━━━━━━━━━40

Ⅰ　はじめに………………………………………………………………40

 1　危険負担が問題となる場面　40

 2　改正民法のポイント　42

Ⅱ　債権者主義の削除……………………………………………………42

Ⅲ　履行拒絶権への変容…………………………………………………43

⑤　保証債務━━━━━━━━━━━━━━━━━━━━━━45

Ⅰ　保証人保護のための情報提供義務…………………………………45

 1　保証契約締結時の主債務者の情報提供義務（改民 465 の

10）　45

 2　主債務者の履行状況に関する債権者の情報提供義務（改民

458 の 2）　46

 3　主債務者が期限の利益を喪失した場合の債権者の情報提供義

務（改民 458 の 3）　47

Ⅱ　根保証における保証人（個人保証人）の保護拡大…………………48

目　次

　　　1　極度額の設定義務の個人保証債務一般への拡大（改民 465 の

　　　　2）　48

　　　2　貸金等根保証以外の個人根保証の元本確定事由の拡大（改民

　　　　465 の 4）　49

　　Ⅲ　その他……………………………………………………………………50

　　　1　事業性借入を主債務とする保証における公正証書の作成と保

　　　　証の効力（改民 465 の 6）　50

　　　2　連帯保証人に対する請求等（改民 458）　51

　　　3　経過措置について　52

6　債権譲渡────────────────────────────────53

　　Ⅰ　改正のポイント………………………………………………………53

　　　1　債権譲渡自由の原則　53

　　　2　供託の手続　56

　　　3　債権譲渡の譲渡人の倒産　57

　　　4　譲渡制限特約と差押え　58

　　　5　将来債権譲渡の明文化　59

　　　6　債権譲渡の対抗要件　61

　　　7　異議をとどめない承諾　61

　　　8　債権譲渡と相殺（無制限説の採用）　62

　　Ⅱ　取引基本契約に与える影響…………………………………………64

7　相　殺──────────────────────────────────67

　　Ⅰ　改正のポイント………………………………………………………67

　　　1　相殺禁止の意思表示　67

　　　2　不法行為債権等を受働債権とする相殺の禁止　68

　　　3　支払の差止めを受けた債権を受働債権とする相殺　70

　　　4　相殺の充当　71

　　Ⅱ　取引基本契約に与える影響…………………………………………72

8　売　買──────────────────────────────────73

　　Ⅰ　前提──瑕疵担保責任の法的性質…………………………………73

目　次

　　Ⅱ　改正のポイント……………………………………………………74

　　　1　総　論　74

　　　2　買主の追完請求権（売主の追完義務）　76

　　　3　買主の代金減額請求権　76

　　　4　買主の損害賠償請求および解除権の行使　77

　　　5　移転した権利が契約の目的に適合しない場合における売主の
　　　　　責任　77

　　　6　目的物の種類または品質に関する担保責任の期間の制限　78

　　　7　目的物の滅失等についての危険の移転　78

　　　8　担保責任を負わない旨の特約　79

　　Ⅲ　取引基本契約に与える影響…………………………………………79

9　その他─────────────────────────81

　　Ⅰ　消滅時効……………………………………………………………81

　　　1　はじめに　81

　　　2　消滅時効期間　82

　　　3　職業別の短期消滅時効の廃止　84

　　　4　時効の完成猶予・更新　85

　　Ⅱ　受領遅滞……………………………………………………………91

　　　1　受領遅滞が問題となる場合　91

　　　2　改正民法のポイント　92

　　　3　改正の影響　93

　　Ⅲ　弁　済……………………………………………………………94

　　　1　預金または貯金の口座に対する払込みによる弁済（改民
　　　　　477）　94

　　　2　特定物の現状による引渡し（改民483）　94

　　　3　弁済の場所および時間（改民484）　95

　　　4　受取証書の交付請求（改民486）　95

　　　5　取引基本契約に与える影響　95

　　Ⅳ　定型約款……………………………………………………………96

vii

目　次

 1　定型約款規定の導入理由　96

 2　定型約款の定義　96

 3　取引基本契約の定型約款該当性　98

第3章　取引基本契約書

❶　目　的 ―――――――――――――――――――――102

 Ⅰ　条項案 ……………………………………………………… 102

 Ⅱ　条項作成上のポイント ………………………………… 102

  1　目的条項の規定　102

  2　目的条項の役割　103

❷　適用範囲 ――――――――――――――――――――105

 Ⅰ　条項案 ……………………………………………………… 105

 Ⅱ　条項作成上のポイント ………………………………… 105

  1　適用範囲　105

  2　個別契約との優先関係　106

❸　個別契約の成立 ―――――――――――――――――107

 Ⅰ　条項案 ……………………………………………………… 107

 Ⅱ　条項作成上のポイント ………………………………… 107

  1　個別契約の締結（3 Ⅰ）　107

  2　個別契約の成立（3 Ⅱ）　108

  3　個別契約の変更（3 Ⅲ）　109

 Ⅲ　本条項案に関する留意事項 …………………………… 109

❹　価　格 ―――――――――――――――――――――111

 Ⅰ　条項案 ……………………………………………………… 111

 Ⅱ　条項作成上のポイント ………………………………… 111

  1　価格の決定方法（4 Ⅰ）　111

  2　弁済の費用と売買契約に関する費用（4 Ⅱ）　111

 Ⅲ　本条項案に関する留意事項 …………………………… 112

目 次

5 検 査————————————————————————113

  Ⅰ　条項案……………………………………………………………113

  Ⅱ　条項作成上のポイント…………………………………………113

     1　受入検査　113

     2　検 収　114

  Ⅲ　本条項案に関する留意事項……………………………………114

     1　契約不適合責任（瑕疵担保責任）　114

     2　買主による目的物の検査通知義務　114

     3　検 査　115

     4　検収・所有権移転　115

     5　品質基準　116

6 品質保証責任————————————————————————117

  Ⅰ　条項案……………………………………………………………117

  Ⅱ　条項作成上のポイント…………………………………………117

     1　品質保証条項　117

     2　品質保証体制　118

  Ⅲ　本条項案に関する留意事項……………………………………118

7 危険負担————————————————————————120

  Ⅰ　条項案……………………………………………………………120

  Ⅱ　条項作成上のポイント…………………………………………120

  Ⅲ　本条項案に関する留意事項……………………………………120

     1　危険負担とは　120

     2　危険負担の移転時期——法律上の原則　121

     3　民法改正による留意点　121

     4　売買目的物（特定物）の滅失または損傷について債権者がと
りうる手段　122

8 支払および相殺————————————————————————124

  Ⅰ　条項案……………………………………………………………124

  Ⅱ　条項作成上のポイント…………………………………………124

ix

目　次

　　　1　支払時期、支払場所等に関する条項　124

　　　2　相殺予約条項　125

　Ⅲ　本条項案に関する留意事項……………………………………126

　　　1　相殺権の倒産手続における取扱い　126

　　　2　電子記録債権法に基づく電子記録債権の利用　127

9　遅延損害金────────────────────────128

　Ⅰ　条項案………………………………………………………………128

　Ⅱ　条項作成上のポイント………………………………………128

　　　1　条項の趣旨　128

　　　2　約定利率を定める場合の留意点　128

　Ⅲ　本条項案に関する留意事項……………………………………130

10　契約不適合の担保責任──────────────────132

　Ⅰ　条項案………………………………………………………………132

　Ⅱ　条項作成上のポイント………………………………………132

　　　1　追完請求権および代金減額請求権（11Ⅰ）　132

　　　2　買主の責めに帰すべき契約不適合（11Ⅱ）　133

　　　3　損害賠償請求および解除権の行使（11Ⅲ）　133

　　　4　期間制限（11Ⅳ）　133

　Ⅲ　本条項案に関する留意事項……………………………………134

　　　1　法定責任説から契約責任説へ　134

　　　2　任意規定であること　134

　　　3　民法のルールの特則としての商法526条　135

11　製造物責任────────────────────────136

　Ⅰ　条項案………………………………………………………………136

　Ⅱ　条項作成上のポイント………………………………………137

　　　1　取引基本契約の相手方当事者に対する責任（12Ⅰ）　137

　　　2　第三者に対する責任（12Ⅱ）　137

　　　3　求償関係（12Ⅲ）　137

　　　4　免責規定（12Ⅳ）　137

目　次

Ⅲ　本条項案に関する留意事項……………………………………… 138

1　製造物責任の概要　138

2　取引基本契約における製造物責任の取扱い　140

12　再委託禁止条項————————————————142

Ⅰ　条項案……………………………………………………………… 142

Ⅱ　条項作成上のポイント…………………………………………… 142

1　本条項案の目的　142

2　再委託時の売主の義務　143

13　権利義務の譲渡禁止————————————————145

Ⅰ　条項案……………………………………………………………… 145

Ⅱ　条項作成上のポイント…………………………………………… 145

1　概　要　145

2　譲渡制限特約　145

3　債務引受禁止特約および契約上の地位の移転禁止特約につい
て　146

Ⅲ　本条項案に関する留意事項……………………………………… 146

1　債権譲渡　146

2　債務引受　148

3　契約上の地位の移転　149

14　不可抗力————————————————————150

Ⅰ　条項案……………………………………………………………… 150

Ⅱ　条項作成上のポイント…………………………………………… 150

1　不可抗力条項の目的　150

2　不可抗力の事由　152

Ⅲ　本条項案に関する留意事項……………………………………… 153

15　秘密保持————————————————————155

Ⅰ　条項案……………………………………………………………… 155

Ⅱ　条項作成上のポイント…………………………………………… 156

1　秘密保持義務の対象となる情報の定義（16 Ⅰ）　156

xi

目 次

    2 秘密保持義務の内容（16 Ⅰ Ⅱ Ⅴ）　157

    3 秘密情報から除外される情報（16 Ⅲ）　157

    4 秘密保持義務が免除される場合（16 Ⅳ）　157

    5 秘密保持義務の存続期間（16 Ⅵ）　158

    6 秘密保持義務違反の効果　158

  Ⅲ 本条項案に関する留意事項……………………………………… 159

    1 秘密保持条項の必要性　159

    2 秘密情報の範囲の広狭についての開示者と受領者の利益衝
      突　159

    3 営業秘密をめぐる法改正等　160

    4 個人情報保護法との関係　160

🔢16　知的財産権　———————————————————————162

  Ⅰ 条項案………………………………………………………………… 162

  Ⅱ 条項作成上のポイント…………………………………………… 163

    1 知的財産権の侵害に関する条項（17 の 1）　163

    2 知的財産権の取扱いに関する条項（17 の 2）　166

    3 共同研究・共同開発の場合について（17 の 2 Ⅱ）　167

🔢17　中途解約　———————————————————————168

  Ⅰ 条項案………………………………………………………………… 168

  Ⅱ 条項作成上のポイント…………………………………………… 168

  Ⅲ 本条項案に関する留意事項……………………………………… 168

🔢18　期限の利益の喪失　—————————————————171

  Ⅰ 条項案………………………………………………………………… 171

  Ⅱ 条項作成上のポイント…………………………………………… 171

    1 期限の利益とは　171

    2 期限の利益喪失条項の必要性　172

    3 当然失期と請求失期について　172

    4 請求失期事由（19 Ⅰ）　173

    5 当然失期事由（19 Ⅱ）　173

  Ⅲ 本条項案に関する留意事項……………………………………… 176

目　次

　　　1　解除事由との関係　176

　　　2　「和議」「会社整理」等の修正必要性　176

19　解　除 ————————————————177

Ⅰ　条項案 ……………………………………………177

Ⅱ　条項作成上のポイント ……………………………177

　　　1　契約解除条項の必要性　177

　　　2　解除権者による解除の範囲の選択　179

　　　3　催告解除と無催告解除について　179

Ⅲ　本条項案に関する留意事項 ………………………180

　　　1　民法改正に伴う対応の要否　180

　　　2　解除が制限される場合　181

　　　3　契約不適合による解除について　182

　　　4　Change of Control 条項について　183

20　損害賠償 ————————————————184

Ⅰ　条項案 ……………………………………………184

Ⅱ　条項作成上のポイント ……………………………184

　　　1　債務不履行による損害賠償（21Ⅰ）　184

　　　2　免責事由　185

　　　3　債務の履行に代わる損害賠償（21Ⅱ）　185

Ⅲ　本条項案に関する留意事項 ………………………186

　　　1　民法改正に伴う対応の要否　186

　　　2　損害賠償の範囲　187

　　　3　損害賠償額の予定　188

　　　4　過失相殺　190

　　　5　金銭債務の特則　190

　　　6　代償請求権　191

21　反社会的勢力の排除 ———————————193

Ⅰ　条項案 ……………………………………………193

Ⅱ　条項作成上のポイント ……………………………194

　　　1　排除の対象となる反社会的勢力の定義（22Ⅰ）　194

xiii

目 次

　　2　表明および確約の対象となる事項（22 Ⅰ）　195

　　3　禁止行為（22 Ⅱ）　195

　　4　表明または確約違反の効果——即時解除（22 Ⅲ）　196

　　5　損害賠償請求権（22 Ⅳ）　196

　　6　損害賠償請求の禁止（22 Ⅴ）　197

　Ⅲ　本条項案に関する留意事項……………………………………… 197

　　1　反社会的勢力の排除に関する法整備　197

　　2　反社会的勢力に該当するか否かの調査実務　198

22　連帯保証────────────────────────────199

　Ⅰ　条項案………………………………………………………… 199

　Ⅱ　条項作成上のポイント…………………………………………… 199

　　1　一般的な留意点　199

　　2　履行確保のための工夫　199

　　3　改正民法の留意点その1——極度額の定め　200

　　4　改正民法の留意点その2——情報提供義務　201

　　5　改正民法の留意点その3——連帯保証人に対する請求の効
　　　果　203

23　有効期間────────────────────────────205

　Ⅰ　条項案………………………………………………………… 205

　Ⅱ　条項作成上のポイント…………………………………………… 205

　　1　有効期間（24 Ⅰ本文）　205

　　2　自動更新条項（24 Ⅰただし書）　206

　　3　個別契約が残存する場合の基本契約の有効期間の延長（24
　　　Ⅱ）　206

　Ⅲ　本条項案に関する留意事項……………………………………… 207

　　1　期間の計算　207

　　2　更新拒絶　207

24　分離可能性条項─────────────────────────209

　Ⅰ　条項案………………………………………………………… 209

xiv

目　次

Ⅱ　条項作成上のポイント……………………………………………… 209
Ⅲ　本条項案に関する留意事項………………………………………… 209

25　完全合意条項————————————————————————211

Ⅰ　条項案……………………………………………………………… 211
Ⅱ　条項作成上のポイント……………………………………………… 211
Ⅲ　本条項案に関する留意事項………………………………………… 212

26　契約終了後の効力存続条項の定め——————————213

Ⅰ　条項案……………………………………………………………… 213
Ⅱ　条項作成上のポイント……………………………………………… 213
Ⅲ　本条項案に関する留意事項………………………………………… 213

1　残存条項を定める条項　213

2　不公正な取引方法に該当する可能性　214

3　職業選択の自由等との関係　214

27　合意管轄————————————————————————216

Ⅰ　条項案……………………………………………………………… 216
Ⅱ　条項作成上のポイント……………………………………………… 216
Ⅲ　本条項案に関する留意事項………………………………………… 217

1　合意管轄条項　217

2　専属的合意管轄に違反した訴え　218

28　誠実協議義務————————————————————219

Ⅰ　条項案……………………………………………………………… 219
Ⅱ　条項作成上のポイント……………………………………………… 219
Ⅲ　本条項案に関する留意事項………………………………………… 219

29　最低取引量————————————————————————220

Ⅰ　条項案……………………………………………………………… 220
Ⅱ　条項作成上のポイント……………………………………………… 220

1　最低取引量条項（30Ⅰ）　220

2　購入の意義（30Ⅱ）　221

3　ペナルティ（30Ⅲ）　221

目　次

　　　4　供給義務（30 Ⅳ）　223

　Ⅲ　本条項案に関する留意事項‥‥‥‥‥‥‥‥‥‥‥‥‥‥‥‥‥　223

　　　1　競合品の取扱いの規定との関係　223

　　　2　不公正な取引方法の該当性　223

30　環境条項──────────────────────────226

　Ⅰ　条項案‥‥‥‥‥‥‥‥‥‥‥‥‥‥‥‥‥‥‥‥‥‥‥‥‥‥‥　226

　Ⅱ　条項作成上のポイント‥‥‥‥‥‥‥‥‥‥‥‥‥‥‥‥‥‥‥　227

　　　1　環境保全活動の推進等（31 Ⅰ）　227

　　　2　禁止物質への非該当等（31 Ⅱ）　227

　　　3　禁止物質についての通知義務（31 Ⅲ）　227

　　　4　管理物質の使用（31 Ⅳ）　228

　　　5　買主の検査権等（31 Ⅴ）　228

　　　6　損害賠償義務（31 Ⅵ）　228

　Ⅲ　本条項案に関する留意事項‥‥‥‥‥‥‥‥‥‥‥‥‥‥‥‥‥　228

31　表明保証その他の条項──────────────────229

　Ⅰ　条項案‥‥‥‥‥‥‥‥‥‥‥‥‥‥‥‥‥‥‥‥‥‥‥‥‥‥‥　229

　Ⅱ　条項作成上のポイント‥‥‥‥‥‥‥‥‥‥‥‥‥‥‥‥‥‥‥　230

　　　1　表明保証とは　230

　　　2　表明保証の対象　231

　　　3　表明保証の範囲　231

　Ⅲ　本条項案に関する留意事項‥‥‥‥‥‥‥‥‥‥‥‥‥‥‥‥‥　232

　　　1　表明保証違反の効果　232

　　　2　コベナンツ　233

32　change of control 条項──────────────────235

　Ⅰ　条項案‥‥‥‥‥‥‥‥‥‥‥‥‥‥‥‥‥‥‥‥‥‥‥‥‥‥‥　235

　Ⅱ　条項作成上のポイント‥‥‥‥‥‥‥‥‥‥‥‥‥‥‥‥‥‥‥　235

　　　1　Change of Control 事由　235

　　　2　通知義務　236

　　　3　Change of Control の効果　236

xvi

目 次

Ⅲ　本条項案に関する留意事項……………………………………… 237

本書で扱った取引基本契約書　239
事項索引　251
執筆者紹介　255

コラム目次
契約の成立　4
及び・並びに、又は・若しくは　9
基準割合　13
「時」と「とき」　16
「賠償」と「補償」／「任意規定」と「強行規定」　29
果実とは　37
債権者主義・債務者主義　40
特定物債権・種類債権　41
善意と悪意　55
預貯金債権に関する特則　65
債権譲渡登記への対抗要件の一元化の見送り　65
債権者の受領「義務」？　93
２段の推定　109
契約自由の原則　129
不安の抗弁権　179
表明保証に違反した場合の裁判例　232

xvii

凡　例

1　法令の略称　（　）はかっこ内で用いる場合

民法（民）	民法の一部を改正する法律によって改正されなかった民法とその条文
現行民法（現民）	民法の一部を改正する法律によって改正される前の民法とその条文
改正民法（改民）	民法の一部を改正する法律によって改正された民法とその条文
商法（商）	民法の一部を改正する法律の施行に伴う関係法律の整備等に関する法律によって改正されなかった商法とその条文
現行商法（現商）	民法の一部を改正する法律の施行に伴う関係法律の整備等に関する法律によって改正される前の商法とその条文
改正商法（改商）	民法の一部を改正する法律の施行に伴う関係法律の整備等に関する法律によって改正された商法とその条文
会社法（会）	会社法
民事訴訟法（民訴）	民事訴訟法
破産法（破）	破産法
独占禁止法（独禁）	私的独占の禁止及び公正取引の確保に関する法律
一般指定	不公正な取引方法（昭和58年公正取引委員会告示第15号、改正：平成21年公正取引委員会告示第18号）
下請法（下請）	下請代金支払遅延等防止法
個人情報保護法（個人情報）	個人情報の保護に関する法律
刑法（刑）	刑法

　条文の略記については、条はアラビア数字（1、2、3）、項はローマ数字（Ⅰ、Ⅱ、Ⅲ）、号は丸囲み数字（①、②、③）で示した。

凡　例

2　判例集・雑誌

民集	大審院民事判例集・最高裁判所民事判例集
民録	大審院民事判決録
判決全集	大審院判決全集
判時	判例時報
判タ	判例タイムズ
金判	金融・商事判例

3　文献等

一問一答	筒井健夫＝村松秀樹編著『一問一答　民法（債権関係）改正』（商事法務、2018）
部会資料	法制審議会民法（債権関係）部会資料
中間試案補足説明	民法（債権関係）の改正に関する中間試案の補足説明（2013年4月16日（2013年7月4日最終補訂））
新版注釈民法⑽Ⅰ	奥田昌道編『新版注釈民法⑽Ⅰ　債権(1)債権の目的・効力(1)』（有斐閣、2003）
民法Ⅲ	内田貴『民法Ⅲ　債権総論・担保物権〔第3版〕』（東京大学出版会、2005）
改正法の概要	潮見佳男『民法（債権関係）改正法の概要』（金融財政事情研究会、2017）
プラクティス民法	潮見佳男『プラクティス民法　債権総論〔第4版〕』（信山社、2012）
コンメンタール民法	我妻榮ほか『我妻・有泉コンメンタール民法　総則・物権・債権〔第5版〕』（日本評論社、2018）
論点体系判例民法4	能見善久＝加藤新太郎編『論点体系判例民法4　債権総論〔第2版〕』（第一法規、2013）

xix

第1章
取引基本契約について

| 1 | 取引基本契約の意義 |

Ⅰ 取引基本契約の現代社会における役割・機能

　取引基本契約とは、事業者間の継続的取引において、反復継続される個々の取引に共通して適用される契約内容をあらかじめ事業者間で合意しておくための契約で、たとえば、事業者間で商品を継続的に売買するような商取引の際に、取引基本契約書が作成され、用いられています。

　このような取引基本契約書が現代社会において広く用いられる理由としては、取引の迅速性・簡便性に資するという点があげられるでしょう。

　取引基本契約書が存在しなければ、個々の取引のたびに、必要な契約内容のすべてを事業者間で交渉または調整しなければならず、取引の迅速性に欠けることになります。加えて、個々の取引のたびに契約交渉をし、個々の取引の契約内容がまちまちになれば、個々の取引を全体として管理することも容易ではありません。

　取引基本契約書を作成することにより、その後の個々の取引に共通して適用される契約内容の交渉または調整をあらためてする必要がなくなり、取引の迅速性に資することになります。加えて、取引基本契約書において、個々の取引に共通して適用される契約内容を定めておけば、個々の取引を全体として管理することも容易になり、簡便性に資することになります。

Ⅱ 取引基本契約の法的位置づけ

　取引基本契約は、法的には継続的契約に位置づけられるものと解されています。ここで、継続的契約とは、「一定の期間にわたり契約関係の存在が前提とされている契約」などとされています（加藤新太郎編『判例 Check 継

続的契約の解除・解約〔改訂版〕』（新日本法規、2014）2頁）。取引基本契約も、取引基本契約に定められた有効期間にわたり、取引基本契約にて合意された契約関係の存在が前提とされ、個々の取引契約が締結されるので、継続的契約に位置づけられることになります。

継続的契約に位置づけられることにより、取引基本契約の解釈にあたっては、1回の取引で関係が終了する1回的契約に比して、契約当事者間の信頼関係が重要な考慮要素となります。この信頼関係については、特に継続的契約を解消する場面で考慮される要素となりますが、この点は**3**にて解説します。

Ⅲ　本書で対象とする取引基本契約

本書で解説対象とする取引基本契約は、製品等の供給を継続的に行う契約関係を想定しています。本書では、**第3章**において、製品等の供給を継続的に行う契約関係に標準的にみられる条項を想定したうえで、逐条解説を試みています。

なお、本書で解説対象とする取引基本契約は、あくまでも一例ですので、取引実態等にあわせて、契約当事者間で契約内容を加除修正することを想定しています。たとえば、価格について固定するという当事者間の合意があるのであれば、価格を個々の取引契約で決めるのではなく、取引基本契約にて定めることもありえます。

| 2 | 取引基本契約と個別契約の関係 |

Ⅰ　成立要件

1　売買契約の成立

　民法においては、売買は「当事者の一方がある財産権を相手方に移転することを約し、相手方がこれに対してその代金を支払うことを約する」ことで効力が生じるものとされています（民555）。そのため、売買契約自体は、財産権の移転の合意と代金支払の合意の2つの要素があれば成立します。一方、売買契約で一般的に定められている引渡期日、支払期日等は、売買契約の成立のために不可欠なものではありません（付款にすぎません）。しかし、実務上はこのような売買契約の成立に関係のない要素も非常に重要な意義を有しているため、契約で定めています。

・・・

コラム：契約の成立

　契約は、「契約の内容を示してその締結を申し入れる意思表示」（申込み）に対して相手方が承諾をしたときに成立します（改民522Ⅰ）。

　申込みと承諾の合致により契約が成立することは、現行民法においても契約に関する大原則とされていましたが、その旨を定める規定は存在しなかったため、民法改正によって明文化されました。また、改正民法では、上記のとおり、「申込み」が定義されていますが、これは、相手方に申込みをさせようとする意思の通知（申込みの誘引）と「申込み」の区別を明らかにするために、「申込み」について、契約の内容を示すことと締結を申し入れることの両方を要求したものです。

　契約の成立に関しては、隔地者間の契約の成立時期に関するルールに大きな変更があります。現行民法は、隔地者間の契約は承諾の通知を発した時に成立すると定めていますが（現民526Ⅰ。発信主義）、改正民法では同項は削

除されます。その結果、隔地者に対する意思表示は、承諾を含め、その通知が相手方に到達した時に効力を生じることになりました（改民97Ⅰ。到達主義）。このような変更が行われたのは、通信手段の発達により隔地者間であっても比較的短期間で通知ができるようになったことから、発信主義を維持する必要性が乏しくなったためです。

　これに伴い、現行民法527条（申込みの撤回の通知の延着）は削除され、電子承諾通知に関する民法の特例を定めた「電子消費者契約及び電子承諾通知に関する民法の特例に関する法律」4条も削除されます（法律名も「電子消費者契約に関する民法の特例に関する法律」に変更されます）。

　なお、契約の成立に関しては、その他にも改正民法523条（承諾の期間の定めのある申込み）、同525条（承諾の期間の定めのない申込み）、同526条（申込者の死亡等）、同529条～530条（懸賞広告）の改正があります。

2　「別途定める。」条項について

　取引基本契約と個別契約の役割分担として、商品の仕様や価格、納期や納品場所、受渡条件等、取引に関する具体的な事項についても、取引基本契約において、あらかじめ買主・売主間で定めておくという方法もありえますが、通常は、各個別契約に共通する事項について、一定程度、特定したうえで、それ以外の具体的な事項については「……等売買に必要な事項は」という包括的な表現をして、個別契約で「別途定める。」として、個別契約において記載をする、という方法がみられます。

Ⅱ　受発注義務の有無

　取引基本契約自体は、売買契約ではありません。　一般的には，売買契約は、各個別契約の成立により効力を生じます。しかしながら、取引基本契約の締結により、買主・売主間に商品の発注義務や受注義務が生じたと解釈される場合があります。売主の最低販売数量や買主の最低購入数量の規定や、双方が独占的に受注・発注する旨の規定を定めていない場合には、

原則として、取引基本契約のみでただちに双方に具体的な発注義務・受注義務が生じるわけではないと解されていますが（東京地判昭和 55 年 9 月 16 日判タ 437 号 143 頁）、売主が独占的に商品を供給する旨を定めた取引基本契約については、原則として受注者側が基本契約に基づいて供給義務を負うと判断されています（東京地判平成 12 年 8 月 28 日判時 1737 号 41 頁）。さらに、当事者間の強い協力関係が認められる事案において、発注義務が前提となっていたと認めた裁判例もあり、事案によって判断は分かれるものといえます。したがって、事案によっては、取引基本契約に基づく受発注義務が認められる可能性がある以上、念のため、受発注義務が発生しないことを明示する条項を設けておくほうが望ましいと考えられます。

Ⅲ　個別契約との優先関係

　取引基本契約は、一定の範囲内の多数の取引への適用が予定された基本契約ですが、別途各取引が発生する際に個々の個別契約が締結されることがあります。この場合、取引基本契約の適用の対象となる取引については、取引基本契約と個別契約の双方が適用されることになります。この場合、両契約の内容に離齬があることも考えられますので、その優先関係を規定しておく必要があります。

　通常、取引基本契約においては、適用対象取引全般に適用される一般的な契約条件が規定されるのに対して、個別契約においては、当該個別の取引の事情に応じた契約条件が規定されますので、個別契約の規定が取引基本契約の規定に優先すると定めるのが一般的です。しかし、取引基本契約が優先するとの定めを置くことも可能です。

　個別契約の締結方法としては、個別契約書を作成して当事者双方が署名押印のうえ締結するという方法もあれば、注文書と注文請書のやりとりで済ませるという方法もあります。

　後者の方法で個別契約を締結する場合、企業によっては、普段利用している注文書ないし注文請書に裏面約款が標準的に記載されている場合があ

ります。このような裏面約款は、当該注文書ないし注文請書を使用する取引全般に適用されることが予定された条項ですので、基本的な性格は取引基本契約と同じです。このため、取引基本契約に優先して裏面約款がすべて適用されてしまうと、取引基本契約を締結した意味が失われてしまいますので、取引基本契約と個別契約の優先関係については、条項ごとに取引基本契約と個別契約のどちらを優先すべきか検討する必要があります。

Ⅳ　解除がなされたときの効果

　取引基本契約は、継続的な契約関係を前提としていることから、その解除によって、取引基本契約の成立時にさかのぼって過去の継続的な契約関係を解消させるのは適切ではなく、性質上、将来効のみが認められるとされていますので、注意が必要です。

3 継続的取引の解消についての留意点

　取引基本契約の締結後、製品等の継続的な供給取引が順調に行われている間は、契約当事者間において特段の問題は生じないことが多いでしょう。

　しかし、その後の社会経済情勢の変化や技術の進歩等のマクロ的要因や、相手方の信用リスクの変化やコスト競争力のある第三者の出現等のミクロ的要因により、継続的取引を解消する必要性が生じることも多くあります。継続的取引を解消するに際しては、紛争に至る場合もあり、実際にも多くの裁判で争われています。これら事例の集積より、**1 Ⅱ**で言及したとおり、継続的契約においては、契約当事者間の信頼関係が重要な考慮要素となり、契約関係の解消にあたり一定の制限が課されるものと解されています。

　この点の考え方を理解するには、資生堂事件（最判平成 10 年 12 月 18 日民衆 52 巻 9 号 1886 頁）の原判決（東京高判平成 6 年 9 月 14 日判時 1507 号 43 頁）が参考になります。そこでは、「本件特約店契約はいわゆる継続的供給契約と解されるところ、このような契約についても約定によって解除権を留保することができることはいうまでもない。しかし……1 年という期限の定めのある契約であるとはいえ、自動更新条項があり、通常、相当の期間にわたって存続することが予定されているうえ、現実にも契約期間がある程度長期に及ぶのが通例であると考えられること（被控訴人との契約も 28 年という長期間に達している。）、各小売店の側も、そのような長期間の継続的取引を前提に事業計画を立てていると考えられること、……商品の供給を受ける側において、ある程度の資本投下と、取引態勢の整備が必要とされるものであり、短期間での取引打ち切りや、恣意的な契約の解消は、小売店の側に予期せぬ多大な損害を及ぼすおそれがあること……などからすれば、30 日間の解約予告期間を設けているとはいえ、……約定解除権の行使が全く自由であるとは解しがたく、右解除権の行使には、取引関係を継続しがたいような不信行為の存在等やむを得ない事由が必要」と判示されて

いいます。

　継続的契約を解消するに際して一定の制限を課すことの法的な位置づけについては議論のあるところですが（たとえば、升田純『現代取引社会における継続的契約の法理と判例』（日本加除出版、2013）87頁～95頁参照）、上記裁判例の判示にもありますとおり、対象となる継続的契約の個別具体的な事情にかんがみ、契約解消に際し、当事者間の信頼関係が破壊されたなどのやむをえない事由を必要とする場合があるとするのが裁判例のすう勢と認識してもよいでしょう。この点、「原則として当事者間の合意に従った契約解消の要件を認め、契約条項どおりに解約や更新拒絶を認めることが正義に反して相当でない場合には、一般条項違反により処理するのを原則とするべき」との見解もあります（清水建成＝相澤麻美「企業間における継続的契約の解消に関する裁判例と判断枠組み」判タ1406号（2015）29頁）。

　裁判例のすう勢のように当事者間の信頼関係が破壊されたなどのやむをえない事由を必要とするか、上記見解のように信義則（民1Ⅱ）という一般条項違反により処理するのかはありますが、いずれにせよ、継続的取引の解消にあたっては、契約当事者間の信頼関係にかんがみ、一定の制限が課される可能性があるので、取引基本契約書に約定解除の規定を設けたとしても、約定どおりに継続的取引の解消ができない場合がありうることに留意する必要があります。

コラム：及び・並びに、又は・若しくは

　契約書の条項には、「及び・並びに・又は・若しくは」といった接続詞をひんぱんに使用しますが、以下のとおり、その使用法には、法令における用字・用語法に基づいた一定のルールがあります。

　まず、「及び」は、併合の意味で並列する語句どうしを接続する際に、「A及びB」というように「及び」で結んで用います。並列する3つ以上の語句を接続する際には、「A、B及びC」というように、前の2つの語句を読点で結び、後の2つの語句を「及び」で結んで用います。

　次に、「並びに」は、併合の意味で「及び」を用いて並列した語句を、意味上の区別がある語句とさらに大きく併合する場合に用います。たとえば、A

第1章　取引基本契約について

とBが意味上は同一レベルにあり、Cは異なるレベルにある場合、「A及び
B並びにC」というかたちで結んで用います。

　これに対し、「又は」は、選択の意味で並列する語句どうしを接続する際に、
「A又はB」というように「又は」で結んで用います。並列する3つ以上の語
句を接続する際には、「A、B又はC」というように、前の2つの語句を読点
で結び、後の2つの語句を「又は」で結んで用います。

　また、「若しくは」は、選択の意味で「又は」を用いて並列した語句のなか
を、さらに小さい選択の意味で並列する場合に用います。たとえば「A若し
くはB又はC」というかたちで結んで用いることになります。

第**2**章
民法改正と取引基本契約

本章では、改正民法（施行期日：2020 年 4 月 1 日）のうち、取引基本契約に関係する改正点をとりあげて説明します。

1　法定利率

I　概　要

　現行民法のもとでは、取引基本契約において（約定）利率が定められていない場合、その代金債務や遅延損害金の利率は、商法所定の商事法定利率の年 6％となります（商 514）。この点、商法 514 条は「商行為によって生じた債務」と規定していることから、商事法定利率の対象となるためには、債権者または債務者どちらか一方にとって商行為（商 501〜503 参照）によって生じた債務であればよいとされています（最判昭和 30 年 9 月 8 日民集 9 巻 10 号 1222 頁、近藤光男『商法総則・商行為法〔第 6 版〕』（有斐閣、2013）143 頁）。取引基本契約に基づき生じた債務は、通常、商行為によって生じた債務に該当します。商法 514 条は任意規定であるため、取引基本契約上、特約があればそれに従いますが、なければ、民法の特則である商法 514 条に基づき、利率は年 6％となります。

　しかし、今般の改正において、民法の特則であった商法 514 条は削除され、民法に一本化されました。そのうえで、改正民法 404 条は、現行民法が年 5％の固定の利率であったのを、年 3％に下げるとともに、3 年おきにこの利率を見直す変動制としました。

Ⅰ　法定利率

Ⅱ　変動制による法定利率

1　変動制の導入

　現行民法においては、商事法定利率は年6%、民法の法定利率は年5%となっています。しかし、低金利の状況が長期間にわたって続いている状況にかんがみ、現行民法の法定利率が高すぎるという批判がありました。また、現行民法における固定利率制を維持すると、経済情勢の変動があるたびに法改正が必要となってしまいます。

　そこで、ひんぱんな法改正を要することなく、市場金利の動向等に連動して法定利率も変動する変動利率制が採用されることとなりました。

　適用される利率は、その利息が生じた最初の時点における法定利率です（改民404　Ⅰ）。最初に利息が生じた時点以降に法定利率が変更されても、その元本債権に適用される法定利率はあくまでその利息が生じた最初の時点における法定利率であって、途中で変更はされません。住宅ローンのように、1つの元本債権について、利息の発生する時期によって利率が変わるというものではありません。

2　利率の改定

　改正民法の施行時における法定利率は、年3%となります。その後、3年を一期として、変動するものとされています。具体的には、当期の基準割合と直近に法定利率に変動があった期の基準割合とを比較し、1%以上の差があれば利率の改訂がなされます。

コラム：基準割合

　基準割合については、改正民法404条5項に定めがあります。改正民法404条5項によれば、「基準割合」とは、法務省令で定めるところにより、各期の初日の属する年の6年前の年の1月から前々年の12月までの各月における短期貸付の平均利率（当該各月において銀行が行った貸付け〔貸付期間

第 2 章　民法改正と取引基本契約

が 1 年未満のものに限る〕にかかる利率の平均をいう）の合計を 60（= 12 月 × 5 年）で除して計算した割合（当該割合に 0.1％未満の端数があるときは、これを切り捨てる）として法務大臣が告示で定める割合をいいます。かなりわかりにくい概念ですので、以下、具体例を示して説明します。

　仮に 2018 年 4 月 1 日から 2021 年 3 月 31 日までを一期（3 年）とした場合における当期における基準割合は、当期の初日の 2018 年 4 月 1 日の属する年の 6 年前の年である 2012 年の 1 月から 2018 年 4 月 1 日の属する年の前々年の 2016 年の 12 月までの 5 年間における各月における短期貸付けの平均利率の合計を 60（か月）で除して計算した割合となります。これと、法定利率に変動があった期のうち直近のもの（直近変動期）における基準割合との差に相当する割合（1％未満の端数は切捨て）を増減させます。

　たとえば、前期の法定利率が 3％、直近変動期における基準割合が 3.2％、当期における基準割合が 4.9％、差が＋1.7％であれば、当期の法定利率は 1％加算して 4％になります。また、その後の期において、当期における基準割合が 2.6％、差が－2.3％となれば、当期の法定利率は 4％から 2％減算して 2％になります。

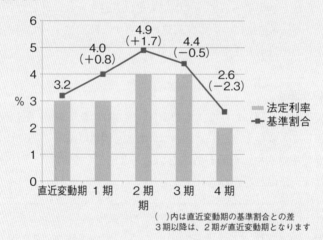

（　）内は直近変動期の基準割合との差
3 期以降は、2 期が直近変動期となります

　たとえば、取引基本契約において、代金債権に遅滞が生じた場合の遅延損害金の利率を特に定めていない場合、現行法であれば、法定利率は変動しませんので、常に一定の利率で遅延損害金を計算すれば足りましたが、

Ⅰ　法定利率

改正民法においては、法定利率は変動しますので、遅延損害金が発生した時点の利率ごとに遅延損害金を計算しなければならなくなります（改民404、419）。このため、遅延損害金の利率を契約書に明記しておく必要性がよりいっそう高まったといえるでしょう。

3　商事法定利率の廃止

　民法上の法定利率が変動制へ移行したことに伴い、商取引だけこれに一定のパーセンテージの上乗せをすることについては合理性を認めがたいとして、商事法定利率に関する商法514条は削除され、改正民法の規律に統一されることとなりました。

　たとえば、取引基本契約において、代金債権に遅滞が生じた場合の遅延損害金を定めていない場合、現行法であれば、売主は、商事法定利率の6％により遅延損害金を請求できていましたが、今後は、変動制による民事法定利率（施行時点では3％）により決まる利率によってしか請求できなくなりました（改民404、419）。当面は当該利率が急激に上昇することは想定しにくいことからも、遅延損害金の利率を契約書に明記しておく必要性がよりいっそう高まったといえるでしょう。

Ⅲ　金銭債務の特則（改民419Ⅰ）

　現行法と同様に、改正民法においても、金銭の給付を目的とする債務の不履行については、その損害賠償の金額は、法定利率によって定められるとされ、当事者が合意をした利率（約定利率）が法定利率を超えるときは、約定利率によるとされます（改民419Ⅰ）。

　金銭債務の不履行の際の損害賠償の金額が法定利率によって定められる場合には、改正民法の決定利率は変動制が採用されており、利率が一定ではありませんので、どの時点での法定利率が適用されるかが問題となりますが、改正民法は、債務者が遅滞の責任を負った最初の時点における法定利率を適用するとしています（改民419Ⅰ）。

第2章　民法改正と取引基本契約

　たとえば、約定利率の定めがない取引基本契約に基づく個別の取引において、買主が売買代金を期限までに支払わず遅滞に陥った後に法定利率が変動した場合、当該個別取引に基づく代金債権の遅延損害金の計算においては遅滞に陥った時点の法定利率のみを適用し、法定利率が変更された時点以降の部分も当初の法定利率が適用されることになります。

コラム：「時」と「とき」

　法律の条文を読んでいると、「契約の時」や「知った時」など「時」が漢字で記載されている条文と「知ることができたとき」や「知らなかったとき」などと「とき」が平仮名で記載されている条文があることに気づくと思います。

　「時」と漢字で記載されている場合、その「時」は時刻や時間そのものを示すものです。他方で、「とき」と平仮名で記載されている場合、その「とき」は仮定条件を表すもので、「場合」と置き換えてみると意味がわかりやすいでしょう。この違いは、「とき」という言葉を名詞として使用しているか、それとも形式名詞として使用しているかによるものです。「時」と漢字で記載する場合には、「時」そのものが実質的な意味を有しており、その時刻や時間そのものを示す名詞として使用されているのに対し、「とき」と平仮名で記載する場合には、「とき」そのものが実質的な意味をもたずに、「とき」を修飾する文節（上記の例でいえば、「知ることができた」や「知らなかった」）があってはじめて意味を有する形式名詞として使用されています。

　なお、さらに法律の条文を読んでいると、たとえば、「～場合において、……ときは」のように、同じ条文で「とき」と「場合」が双方使用されているものに気づくと思います（現民 428、改民 428 参照）。これらは双方ともに、仮定条件を示すもので、条件が複数重なる場合にこのような表現をすることとなりますが、その条件が大きい条件のほうに「場合」、小さい条件のほうに「とき」を使用するように区別されています。

2 債務不履行による損害賠償

Ⅰ　はじめに

1　債務不履行による損害賠償が問題となる場合

　売主が買主との間で取引基本契約を締結し、商品の売買を継続的に行っている場合に、売主が買主に対して期限に商品を引き渡さなかったり、商品の滅失により引渡しが不能になったりする場合があります。この場合、売主は商品を買主に引き渡すという債務について不履行を犯しているといえることから、買主としては、その商品の引渡しを受けられなかったことにより被った損害の賠償を求めることができます。

　では、取引基本契約における債務不履行による損害賠償は、今回の民法の改正によって、どのような影響を受けるのでしょうか。

2　改正民法のポイント

(1)　債務不履行による損害賠償とその免責事由

　現行民法は、債務不履行による損害賠償が認められる場面として、「履行をしないとき」、「履行をすることができなくなったとき」と定めていましたが、「履行をしない」という表現に履行不能が含まれないとの疑義があったことから、改正民法は、債務不履行による損害賠償が認められる場面として、「債務者がその債務の本旨に従った履行をしないとき」に加え、「債務の履行が不能であるとき」を明記しました。

　また、債務不履行責任の免責事由が、「その債務の不履行が契約その他の債務の発生原因及び取引上の社会通念に照らして債務者の責めに帰することができない事由」と定められ、帰責事由（免責事由）は、過失の有無ではなく、契約の趣旨に照らして判断されるべきものであることが明らかにさ

れました（改民 415 Ⅰ）。

⑵ 債務の履行に代わる損害賠償

現行民法下においては、債務の履行が不能になった場合、債務が履行されたならば債権者が得たであろう利益の賠償（債務の履行に代わる損害賠償。たとえば、商品の引渡しが不能になった場合、当該商品価値自体を賠償する場合等が考えられます）が判例・通説において認められていましたが、改正民法では、債務の履行に代わる損害賠償が明文化され、その要件として、以下のとおり定められました（改民 415 Ⅱ）。

① 債務の履行が不能であるとき

② 債務者がその債務の履行を拒絶する意思を明確に表示したとき

③ 債務が契約によって生じたものである場合において、その契約が解除され、または債務の不履行による契約の解除権が発生したとき

⑶ 履行遅滞中の履行不能

履行遅滞中に履行が不能となった場合について、それが当事者双方の責めに帰することができない事由による場合であっても、債務者の責めに帰すべき事由によるものとみなされることとなり、従前の判例法理が明文化されました（改民 413 の 2 Ⅰ）。

⑷ 損害賠償の範囲

現行民法では、特別の事情によって生じた損害については、「当事者がその事情を予見し、又は予見することができたとき」に賠償の範囲に含まれると規定されていましたが、改正民法では、特別の事情によって生じた損害が賠償の範囲に含まれるための要件が「当事者がその事情を予見すべきであったとき」という規範的な文言に変更されました（改民 416）。

⑸ 原始的不能の場合の損害賠償

契約を締結した時点で当該契約に基づく債務の履行が不能である場合（たとえば、甲建物を売り渡す旨の契約を締結したものの、当該契約締結前に、すでに甲建物が火災により滅失しており、引渡しが不能となっていたような場合。このような場合を「原始的不能」といいます）、当該契約は無効であり、債務不履行に基づく損害賠償請求はできないとの考え方も有力

でしたが、原始的不能の場合であっても、債務不履行に基づく損害賠償を請求することは妨げられないということが明確に定められました（改民412条の2Ⅱ）。

Ⅱ　債務不履行による損害賠償と免責事由

1　改正民法の内容

現行民法415条は、債務不履行による損害賠償について、「債務者がその債務の本旨に従った履行をしないときは、債権者は、これによって生じた損害の賠償を請求することができる。債務者の責めに帰すべき事由によって履行をすることができなくなったときも、同様とする。」と定めていましたが、改正民法415条1項本文では「債務者がその債務の本旨に従った履行をしないとき又は債務の履行が不能であるときは、債権者は、これによって生じた損害の賠償を請求することができる。」と定められました（下線は筆者）。そして同項ただし書では、同項本文の要件が満たされる場合でも、債務者は「その債務の不履行が契約その他の債務の発生原因及び取引上の社会通念に照らして債務者の責めに帰することができない事由によるものである」ことを主張立証して損害賠償責任を免れることができると定められました（下線は筆者）。

2　改正の趣旨

債務不履行による損害賠償が認められる場面として、改正民法では、「債務者がその債務の本旨に従った履行をしないとき」に加え、「債務の履行が不能であるとき」をも含むことが明確にされています。これは、「履行をしない」という表現に、「履行が不能である」ことが含まれるか疑義があったためですが、現行民法下でも、履行不能による損害賠償責任は認められていましたので、改正民法は、現行民法415条の解釈を変更するものではありません。

債務不履行による損害賠償が認められるためには、現行民法415条後段

の解釈から債務者に帰責事由が必要と解されており、そのような帰責事由のないことの主張立証責任が債務者側にあると解されていましたが、現行民法415条では、帰責事由の主張立証責任が債権者側にあるように読めるため、改正民法ではただし書の体裁にされています。

そして、現行民法415条の「責めに帰すべき事由」ではなく、改正民法では「契約その他の債務の発生原因及び取引上の社会通念に照らして債務者の責めに帰することができない事由」にあらためられています。現行民法のもとでは、伝統的に債務不履行による損害賠償責任は、過失責任を根拠とするものとしてとらえられており[1]、故意・過失および信義則上これと同視すべき事由をもって「責めに帰すべき事由」と考えられていました。しかし、契約による債務を念頭に、債務者の行動の自由を前提とした過失責任主義を契約関係に持ち込むべきではないという反対説が唱えられていたほか、裁判実務でも本来の意味での過失として理解されていたわけではなかったため、以上のとおりあらためられた次第です。

改正民法415条1項の規定を前提とすると、債務者は、「債務の本旨に従った履行をしないとき又は債務の履行が不能であるとき」には、原則として債務不履行責任を負うことになります。もっとも、債務者は、当該債務不履行が「契約その他の債務の発生原因及び取引上の社会通念に照らして債務者の責めに帰することができない事由による」ことを主張立証することにより、債務不履行責任に基づく損害賠償義務を免れることができます。

Ⅲ　債務の履行に代わる損害賠償

1　改正民法の内容

現行民法は、債務不履行による損害賠償について、415条（債務不履行による損害賠償）のみを置き、どのような場合に債務の履行に代わる損害賠償

---

1)　仮に債務者に過失等が認められない場合に、損害賠償責任を認めると、債務者の行動の自由を保障することができないと考えられたことによるものです。

（填補賠償）を請求することができるのかということについて特段の規定は設けられていませんでした。これに対し、改正民法は、415条1項に基づき損害賠償の請求ができる場合を前提に、同条2項において、填補賠償が認められる場合として、3つの場合を定めました。

2 「債務の履行が不能であるとき」（改民415Ⅱ①）

まず、債務の履行に代わる損害賠償が認められる場合として、改正民法415条2項1号は、「債務の履行が不能であるとき」を定めています。

この点、債務の履行が不能であるときとは、債務の対象（客体）が不存在または滅失した場合（物理的不能）を含むことはもちろんのこと、履行が物理的には可能であるものの、債務を履行するにあたって巨額の経費を要する場合等、経済的に履行が不能である場合や、法律上履行が不能である場合（社会的・法律的不能）をも含みます。

たとえば、ある特定の鉱山からの鉱石を継続的に取引する契約を締結したとします。その後、売主側の過失により当該鉱山で火災が発生し、その鉱山の鉱石がすべて変質して実質的に無価値になった場合には、売主が買主に対して鉱石を継続的に供給する義務は、物理的に不能となります。次に、鉱脈はまだ残っているものの、売主側が不祥事を起こしたため、当該鉱石を採掘する権利を行政側からはく奪された場合には、売主が買主に対して鉱石を継続的に供給する義務は、法律的に不能となります。

以上のような場合には、「債務の履行が不能であるとき」に該当し、債権者は、債務者に対し、債務の履行に代わる損害賠償を請求できることとなります。ただし、債務者は、改正民法415条1項ただし書のとおり、「その債務の不履行が契約その他の債務の発生原因及び取引上の社会通念に照らして債務者の責めに帰することができない事由による」ことを主張立証して、その責任を免れることができます。たとえば、同様に、ある特定の鉱山からの鉱石を継続的に取引する契約を参考にすると、鉱石がなくなってしまったが、それはそもそも当該鉱山内の鉱脈がすべて採掘し尽くされてしまったことによる場合（物理的不能）、当該鉱物が毒劇物であることが判

第2章　民法改正と取引基本契約

明したため、国が当該鉱物の取引を禁止した場合（法律的不能）等が、「その
債務の不履行が契約その他の債務の発生原因及び取引上の社会通念に照ら
して債務者の責めに帰することができない事由による」場合といえるで
しょう。

3　「債務者がその債務の履行を拒絶する意思を明確に表示したとき」（改民415 Ⅱ②）

　次に、債務の履行に代わる損害賠償が認められる場合として、改正民法
415条2項2号は、「債務者がその債務の履行を拒絶する意思を明確に表示
したとき」を定めています。

　これは、東京地判昭和34年6月5日判時192号21頁が、「債務者におい
てその債務……の履行を履行期日の経過前に強く拒絶し続け、その主観に
おいても履行の意思の片りんだにもみられず、一方その客観的状況からみ
ても、右の拒絶の意思をひるがえすことが全く期待できないような状態」
であれば、「履行不能」と同一の法的評価を受けてもよいと判示したことを
受け、改正民法において定められたものです。どのような場合が「債務者
がその債務の履行を拒絶する意思を明確に表示したとき」に該当するのか
ということが問題となりますが、債務の履行をする意思がない旨を単に表
明しただけでは足りず、履行拒絶の意思がその後に翻されることが見込ま
れないほどに確定的なものであることが必要です。一方、債務者が長期間
行方不明になった場合等には、その他の事情も考慮して以上の要件を満た
す可能性もあります（部会資料79-3・10頁）。

4　「債務が契約によって生じたものである場合において、その契約が解除され、又は債務の不履行による契約の解除権が発生したとき」（改民415 Ⅱ③）

　改正民法415条2項3号は、債務の履行に代わる損害賠償が認められる
場合として、①契約が解除された場合、②債務の不履行による契約の解除
権が発生した場合の2つの場合について規定しています。

②　債務不履行による損害賠償

①については、債務不履行解除のほか、合意解除がなされた場合も含みます。

また、②は、債務不履行に基づく解除の要件は認められますが、いまだ解除の意思表示がなされていないといった場合を想定しています。たとえば、履行遅滞後に債権者が履行を催告したにもかかわらず、相当期間を経過してもなお債務者が履行をしなかった場合等があります（大判昭和8年6月13日民集12巻1437頁）。この場合、契約は解除されていないので、契約に基づく本来的債務の履行請求権が当然に認められることに加え、改正民法415条2項3号に基づき、債務の履行に代わる損害賠償請求権も認められることとなります。債権者としては、いずれを行使することも自由です。

Ⅳ　履行遅滞中に履行が不能となった場合

1　問題となる場面

売主が商品の引渡しを遅滞し、その後、売主が工場に保管していた商品が売主の責めに帰すべき事由によらず焼失してしまった場合、買主は売主に対して損害賠償を請求できるのでしょうか。改正民法413条の2第1項は、このような場合について定めた規定です。

2　改正民法の内容

改正民法は、履行遅滞中に債務の履行が不能になった場合につき、履行不能自体が債務者の責めに帰すべき事由によるものでなかったとしても、債務者の責めに帰すべき事由によるものとみなすこととしました。債務者に帰責事由がある履行遅滞中に履行不能が生じた場合には、履行不能につき債務者の帰責事由がない場合であっても、債務者は不履行による損害賠償責任を負うとするのが判例（大判明治39年10月29日民録12輯1358頁）・通説であり、改正民法は、これを明文化したものです（部会資料68A・11頁）。

第 2 章　民法改正と取引基本契約

3　例外の可能性

　改正民法 413 条の 2 第 1 項は、一切の例外も認めない趣旨のように読めますが、債務不履行に基づく損害賠償が認められるためには、債務不履行と損害の発生との間に因果関係（Ⅴ 1 参照。）が認められる必要があります。そのため、履行遅滞とならなくても同じ結果となった場合には、履行不能と結果との間に因果関係が認められないので、履行不能を理由とする債務不履行責任は認められません。取引基本契約にかかる例ではありませんが、たとえば、A が賃貸借契約終了に基づく B に対する目的物の返還を遅滞している間に、当該目的物が A の責めに帰すべき事由によることなく第三者の放火により焼失した場合において、B が早期に引渡しを受けて当該目的物を管理していたとしても、第三者の放火を免れえず、同様に焼失したと認められる場合には、A は債務不履行責任を負わないとされた裁判例があります（東京地判昭和 49 年 12 月 10 日判時 781 号 89 頁参照）。

　このように、改正民法 413 条の 2 第 1 項は原則論を定めたものにすぎず、仮に債権者が履行遅滞中に履行不能となったとして、債務者に対して債務不履行に基づく損害賠償を請求した場合でも、債務者は、「履行遅滞とならなくても同じ結果となった」ことを主張立証することで、例外的に債務不履行に基づく損害賠償責任を免れることが可能です。もっとも、「履行遅滞とならなくても同じ結果となった」と認められる場合とは、かなり限定されるものと考えられます。

Ⅴ　損害賠償の範囲

1　改正民法の内容

　債務不履行による損害賠償請求が認められるとして、どこまでの範囲の損害について賠償が認められるのかという問題があります。上述のとおり、債務不履行に基づく損害賠償が認められるためには、債務不履行と損害の発生との間に「因果関係」が認められる必要がありますが、判例・通説によれば、ここでいう「因果関係」は、「条件関係（あれなければこれなしの関

係）」ではなく、「相当因果関係」を意味するとされています。すなわち、現行民法416条1項は「通常生ずべき損害」の賠償を認めていますが、「通常」を「相当」と読み替えて、同項において相当因果関係のルールが定められたと理解します（プラクティス民法136頁）。

　そして、判例・通説は、相当因果関係の有無を判断するルールを定めたものが、現行民法416条2項であるとし、当事者が予見し、または予見することができた「特別の事情」が相当因果関係判断の基礎事情であるとし、「通常生ずべき損害」に加え、「特別の事情」によって生じた損害が相当因果関係を有する損害であるとします。

　これに対し、改正民法では、「当事者がその事情を予見し、又は予見することができたとき」との文言（現民416Ⅱ）を「当事者がその事情を予見すべきであったとき」（改民416Ⅱ）に変更しています。この点、現行民法下でも、「予見」という要件は、債務者が現実に予見していたかという事実の有無を問題とするものではなく、債務者が予見すべきであったかという規範的な評価を問題とするものと解されていました。しかしながら、現行民法では、この点につき、文言上不明確であったことから、改正民法では、「当事者がその事情を予見すべきであったとき」という文言に変更されました（部会資料79-3・12頁）。

　このように、今回の改正は、損害賠償の範囲に関して、従前の実務での理解・運用を明文化したものにすぎません。そのため、今回の改正によって、損害賠償の範囲について考え方が変わるものではありません。

2　「損害」の概念

　ところで、そもそも「損害」とは、どのようなものでしょうか。従来の支配的な見解によれば、「損害」とは、「もし加害原因がなかったとしたならばあるべき利益状態と、加害がなされた現在の利益状態との差」と定義されます（於保不二雄『法律学全集20　債権総論〔新版〕』（有斐閣、1972）135頁）。また、最判昭和39年1月28日民集18巻1号136頁も、傍論ではありますが、「民法上のいわゆる損害とは、一口に云えば侵害行為がなかった

第 2 章　民法改正と取引基本契約

ならば惹起しなかったであろう状態（原状）を(a)とし、侵害行為によって惹起されているところの現実の状態（現状）を(b)としa−b＝x そのxを金銭で評価したものが損害である。」と判示しています。

　そして、以上の「差」は、個別項目ごとに算定し、最終的にそれぞれの「差」を積算して、合計損害額を計算することとなります。大まかに説明すると、積算すべき損害は、以下のように分類されます。

　まず、財産的損害とは、債権者がその財産に被った損害であり、非財産的損害は、精神的損害等、財産的損害以外の損害です。次に、積極的損害とは、債権者が財産を失った場合の損害であり、消極的損害は、債務不履行がなければ得られていたと考えられる利益を得られなかったことによる損害です。

　たとえば、AがBから継続的に商品の供給を受ける契約がAB間で締結された場合を考えてみましょう。BがAに対する商品の納入を怠ったため、AはCから別途商品を仕入れることとなり、Cに対し、AB間の契約上の売買代金よりも高い代金を支払った場合、Aはその代金の差額分を余計に支出することになったことから、当該差額分相当額の「積極的損害」を被ったといえます。また、Aが、当該商品をDに転売し、利益を得るはずだった場合、商品の不具合によって当該商品をDに売ることができなかったのであれば、AはDから得られていたと考えられる利益を得られなかったことになるので、当該逸失利益分の「消極的損害」を被ったといえます。さらに、不具合のある商品を市場で販売したことにより、Aの信用が毀損された場合、AはBに対し、当該信用毀損による無形の損害（非財産的損害）の賠償を請求できる余地があります。

26

3 改正民法 416 条の解釈

　現行民法 416 条に関しては、判例・学説上、①同条 2 項の予見の対象は何か、②「当事者」とは誰をさすのか、③どの時点で予見可能性があればよいのか、という各点について見解の対立がありましたが、改正民法は、かかる見解の対立に決着をつけるものではありません。そのため、①〜③の解釈論は、改正民法下でも引き継がれることとなります。

　まず、判例（大判大正 7 年 8 月 27 日民録 24 輯 1658 頁、最判昭和 59 年 2 月 16 日裁判所ウェブサイト）・通説は、上述のとおり、債務不履行と相当因果関係のある損害が賠償されるべき損害であると理解しています。そして、債務不履行と損害との間の因果関係の相当性は、「債務者（②）」が「債務不履行時（③）」に予見し、または予見することのできた「特別の事情（①）」を基礎として判断されます。

　これを、改正民法の文言に置き換えるならば、「債務者が、債務不履行の時点において、予見すべきであった特別の事情に基づき生じた」特別の損害が、損害賠償の範囲に含まれるということになります。

　これに対する有力な反対説は、「契約の両当事者（②）」が「契約締結時（③）」に予見し、または予見することのできた「損害（①）」が損害賠償の範囲に含まれると考えます。改正民法の文言に置き換えると、「契約の両当事者が、契約締結時において、予見すべきであった損害」が、損害賠償の範囲に含まれるということになります。

　以上のとおり、上記①〜③については、両説あるところですが、判例・通説の立場から、次のような事例を参考に、損害賠償の範囲について考えてみましょう（事例については、部会資料 68A・14 頁を参照しました）。A は商品 X を製造販売しており、B が継続的に商品 X を購入し、複数の第三者に転売しています。ある日、B は C との間で納期を 2 週間後として商品 X を転売する旨の契約を締結しましたが、当該契約には債務不履行解除の場合の違約金として B が C に対して 500 万円を支払う旨の約定がありました。B は A に対して、商品 X について納期を 1 週間後とする注文書を送付し、A はその日のうちに B に対して、注文請書を FAX しました。しかし、A は

第 2 章　民法改正と取引基本契約

商品 X を納期までに製造することができず、B も C から債務不履行解除の意思表示を受け、C に対して、約定に基づき違約金 500 万円を支払いました。

判例・通説を前提とすると、損害賠償の範囲について、以下のとおり判断することとなります。

まず、B が C に対して支払った違約金相当額が「通常損害」または「特別損害」のいずれに該当するのかを検討します。この点、「通常損害」または「特別損害」のいずれに該当するかを判断する一般的な基準はなく、契約類型・事案ごとに判断せざるをえません。そこで、本件について検討すると、AB 間の契約の別当事者である C と B との転売契約において違約金の定めが設けられていたことからすれば、B が C に対して支払った違約金相当額の損害は、「特別の事情」に基づき生じた特別損害であると考えられます。次に、「特別損害」については、債務者が債務不履行の時点において、予見すべきであった特別の事情に基づき生じたものが賠償の範囲に含まれることになるところ、債務不履行時（納期を経過した時点）において、債務者 A が、B が C との間で商品 X を転売する旨の契約を締結し、債務不履行解除の場合の違約金として 500 万円を支払う旨の約定が存在していたことを予見すべきであったかが問題にされることとなります（たとえば、500 万円という金額が商品 X の価額に比して相当な場合には、違約金 500 万円は債務者 A が予見すべき損害に該当すると判断される可能性が高いですが、商品 X 自体がきわめて安価であり、納期に遅れたことで到底 500 万円もの損害が生じるとは考えられないような場合には、債務者 A が予見すべき損害には該当しないと判断される可能性があります）[2]。

---

2)　これに対し、反対説によると、AB 間で契約が成立した時点（A からの注文請書が FAX にて B のもとに届いた時）において、A および B が、B に転売利益相当額の損害が生じることを予見すべきであったかが問われることになります。

コラム：「賠償」と「補償」／「任意規定」と「強行規定」

　契約書で使われる用語として「賠償」と「補償」というものがあります。この点、「賠償」とは、違法な行為によって被った損害に対するものであり、「補償」とは、適法な行為によって生じた損害に対するものです。そのため、契約書において、改正・現行民法415条および416条の規定どおりの条項を設けるのであれば、「賠償」という用語を選択することが正しいです。

　もっとも、契約書では、改正・現行民法415条および416条とは異なり、債務不履行に基づく賠償の範囲には含まれない損害についても、金銭填補の対象とすることができ、この場合には、「補償」という用語を選択することがふさわしいといえます。たとえば、紛争解決のために委任した弁護士の費用が賠償の対象に含まれるかということは、改正・現行民法416条に従って決定されることとなりますが、契約書上「弁護士費用も賠償（又は補償）の対象に含む。」とうたうことで、弁護士費用を個別に補償の対象に位置づけて金銭填補の対象にすることが可能です。

　このように、契約書では、民法上の規定とは異なり、独自の定めを設けることが可能な場合があります。このような独自の定めを設けることが可能な民法の条項を「任意規定」といいます。これに対し、民法とは異なる定めを設けることができない民法の条項を「強行規定」といいます。民法上、「任意規定」であるのか、「強行規定」であるのかが明示されているわけではなく、両者は解釈によって決まっているのですが、契約書を作成するにあたっては、その区別は非常に重要です。

3 契約の解除

Ⅰ　はじめに

　契約の解除とは、契約の当事者が有する解除権を相手方に対する単独の
意思表示によって行使することにより、契約の効力を遡及的に消滅させる
ことをいいます。

　取引基本契約を締結した契約当事者は、契約が存続する限り（一定の条
項については、契約終了後も効力が存続する場合があります。**第3章27**参照）、
契約の内容に拘束されることになります。

　しかし、相手方が契約の内容を履行しない場合等には、取引基本契約を
解除して契約関係を解消することが認められるべきです。

　解除の方法は、大きく分けて、民法の規定による解除（法定解除）と契約
条項に基づく解除（約定解除）がありますが、以下では、主に法定解除を念
頭に、どのような場合に契約を解除することができるのか（または契約の解
除が制限されるのか）、また、契約を解除した場合にどのような効果が発生
するのかなどの契約の解除に関する改正民法の規律について解説します
（約定解除については、**第3章19**参照）。

Ⅱ　催告による解除（改民541）

1　本条が問題となる場面

　取引基本契約の相手方が約束の期限に納品しない、対価を支払わないと
いった事態は、実務上しばしば起こりうることであり、このような場面に
おける契約の解除について定めたのが、改正民法541条です。

30

３　契約の解除

2　改正民法の内容

　現行民法541条（履行遅滞等による解除権）は、相手方の債務の履行遅滞を理由とする解除について規定しています。同条によれば、相手方がその債務を履行しない場合に、相当期間を定めてその履行の催告をして、その期間内に履行がないときは、契約の解除をすることができます。

　改正民法541条は、現行民法541条の内容を基本的に維持したうえで、ただし書として、「その期間を経過した時における債務の不履行がその契約及び取引上の社会通念に照らして軽微であるとき」には契約の解除を認めない旨を規定するものです。

　現行民法では、履行不能による解除（現民543）については明文で債務者の帰責事由が必要であることが定められていたほか、履行遅滞等による解除（現民541）、定期行為の履行遅滞による解除（現民542）の場合にも、債務不履行による解除一般の要件として、債務者の帰責事由が必要であると解されていました。

　しかし、改正民法では、解除制度について、履行を怠った債務者への制裁ととらえるところから、債権者に対して契約の拘束力（債権者が契約に拘束され続けることの不都合性）からの解放を認める制度へと大きく転換し、債務者の帰責性は不要とする立場をとりました。

　このようにして、債権者は、催告後に相当期間が経過しても債務者が履行しなかった場合には、債務不履行が軽微でない限り、契約を解除することが可能になり、解除制度はより安定的なものとなりました。

3　債務不履行が軽微である場合

　改正民法541条ただし書は、現行民法541条に関する判例法理を明文化する趣旨の規定と説明されています。

　すなわち、現行民法下の判例では、貸主による軽微な賃料の滞納を理由とする解除が認められなかった事例（大判昭和14年12月13日判決全集7輯4号10頁）、土地の売買において、所有権移転の前から買主が土地の公租公課を負担する義務が約定されていたところ、売主による買主の同義務違反

第2章　民法改正と取引基本契約

を理由とする解除が認められなかった事例（最判昭和 36 年 11 月 21 日民集 15 巻 10 号 2507 頁）等がありますが、改正民法 541 条ただし書は、これらの判例のように不履行の部分が数量的にわずかである場合や、付随的な債務の不履行にすぎない場合を想定しています。

　他方、たとえば、数量的にわずかな部分の不履行にすぎない場合であっても、その数量不足部分がその契約においてはきわめて重要な役割を果たしている場合には、「その契約及び取引上の社会通念に照らして軽微」（改民 541）とはいえませんので、催告解除が可能です（部会資料 79-3・13 頁）。なお、軽微性の判断基準時は催告後相当期間の経過時とされています（改民 541 ただし書）。

　改正民法 541 条ただし書は、判例法理を明文化する趣旨ですから、従前の実務に大きな影響を及ぼすものではないと考えられます。もっとも、改正民法によって「その契約及び取引上の社会通念に照らして軽微」との文言があらためて明文化されましたので、かかる文言の解釈等については、引き続き、裁判例の動向に留意が必要となります。

Ⅲ　催告によらない解除（改民 542）

1　本条が問題となる場面

　取引基本契約の相手方が、原料の調達が不可能になり、納品が不可能になった場合や、納品をしない意思を明らかにした場合等には、催告を行うまでもなく、ただちに契約の解除が認められてもよいと考えられます。改正民法 542 条は、そのような無催告解除ができる場合を定めたものです（もっとも、実際には、取引基本契約に無催告解除ができる場合が規定されることが多く、その場合には当該規定が優先されることになります）。

2　改正民法の内容
⑴　改正の概要

　現行民法では、解除権の行使が認められる場合として、542 条（定期行為

の履行遅滞による解除権）および543条（履行不能による解除権）が規定されていました。

改正民法542条（催告によらない解除）では、催告を要することなく契約を全部解除または一部解除できる場合を規定し、現行民法542条および543条についても、その一類型に組み込みました。

(2) 改正民法542条1項

改正民法542条1項は、催告を要することなく、契約を全部解除できる場合について、以下のとおり規定しています。

① 債務の全部の履行が不能であるとき。

② 債務者がその債務の全部の履行を拒絶する意思を明確に表示したとき。

③ 債務の一部の履行が不能である場合または債務者がその債務の一部の履行を拒絶する意思を明確に表示した場合において、残存する部分のみでは契約をした目的を達することができないとき。

④ 契約の性質または当事者の意思表示により、特定の日時または一定の期間内に履行をしなければ契約をした目的を達することができない場合において、債務者が履行をしないでその時期を経過したとき。

⑤ ①～④にかかげる場合のほか、債務者がその債務の履行をせず、債権者が改正民法541条の催告をしても契約をした目的を達するのに足りる履行がされる見込みがないことが明らかであるとき。

このうち、①は、現行民法543条に対応する規定で、履行不能を理由とする契約解除を定めています。もっとも、Ⅱ2で述べたとおり、改正民法は、解除制度について、債権者に対して契約の拘束力（債権者が契約に拘束され続けることの不都合性）からの解放を認める制度へと大きく転換していますので、履行不能が「債務者の責めに帰することができない事由」によるものであった場合を除外する要件は設けられておらず、債務者の帰責事由は不要とされています。

②および③については、現行民法では、債務者があらかじめ履行を拒絶しても催告を省略できないとするのが通説でしたが（ただし、催告期間内に

33

第2章　民法改正と取引基本契約

相手方が履行拒絶の意思を表示したときは、催告期間経過を待たずに解除できるとされています（大判昭和7年7月7日民集11巻1510頁）。コンメンタール民法1108頁）、②は、債務者が明確に履行拒絶をした場合、③は、一部が履行不能である場合や債務者が債務の一部について明確に履行拒絶をした場合において、残部のみでは契約目的が達成不能である場合について、催告を要することなく、契約を解除できる旨を規定しました。ここでの履行拒絶は、その意思が後に翻されることが見込まれないほどに確定的になされる必要があります。

　④は、現行民法542条に対応する規定で、定期行為の履行遅滞を理由とする契約解除を定めています。たとえば、中元用のうちわを中元期前に届けてもらう売買契約（大判大正9年11月15日民録26輯1779頁）等です（この例では、中元期後に中元用のうちわが届いたとしても、中元の贈物とするという契約目的を達することはできません）。

　⑤は、その他契約目的が達成不能であることを理由とする契約解除を定めています（①ないし④には該当しないものの、契約目的達成不能の場合にはなお契約解除を認めるために設けられた、いわゆる受け皿規定です）。

　以上のとおり、①はその典型ですが、それ以外であっても、債務不履行により契約目的の達成が不可能になったと評価できる場合には、無催告解除をすることができます。改正民法541条もあわせると、以下のとおり整理することができます。

催告 解除	不履行が軽微ではない （催告解除○）		不履行が軽微 （催告解除×）
無催告 解除	契約目的が達成できない （無催告解除○）	契約目的は達成できる （無催告解除×）	

　　　　　　　　　　　　　　　　　　　　　　　　◀──▶

催告解除はできる（不履行が軽微ではない）が無催告
解除はできない（契約目的は達成できる）

（部会資料79-3・14頁参照）

③ 契約の解除

⑶　改正民法 542 条 2 項

現行民法では、債務の内容が可分であり、一部の履行が不能であっても残部の履行が可能なときは、原則として不能な部分だけの解除が許されると解されていました（コンメンタール民法 1113 頁）。

改正民法 542 条 2 項も、債務の内容が可分であることを前提にしたうえで（部会資料 83-2・10 頁）、無催告による一部解除ができる場合として、具体的に、債務の一部の履行が不能である場合（改民 542 Ⅱ①）、債務者がその債務の一部の履行を拒絶する意思を明確に表示した場合（改民 542 Ⅱ②）を定めました。

Ⅳ　債権者の責めに帰すべき事由による場合（改民 543）

1　本条が問題となる場面

取引基本契約において、発注者が仕様を指定する旨規定されていたにもかかわらず、その指定をしなかった、または誤った指定をしたために、受注者が期限内に納品できなかった場合等、債権者側の帰責事由によって債務不履行となった場合に、債権者から契約を解除することができるかどうかについて定めたのが、改正民法 543 条です。

2　改正民法の内容

改正民法 543 条（債権者の責めに帰すべき事由による場合）は、債務の不履行が「債権者の責めに帰すべき事由」によるものであるときには、催告解除（改民 541）、無催告解除（改民 542）いずれについても認められない旨を規定しています。債権者の責めに帰すべき事由により履行不能に陥った場合に債権者に契約の拘束力からの解放を認めるのは妥当ではないと考えられるためです（部会資料 71-3・77 頁）。

3　帰責事由

従来の有力な見解によれば、「責めに帰すべき事由」とは、故意・過失、

第2章　民法改正と取引基本契約

または信義則上これと同視される事由をいうと解されています。このうち、故意とは、債務不履行を生じるであろうことを知っていながら、あえて不履行となる事態を招来することをいい、過失とは、債務者の階層・地位・職業などにある者として信義則上要求される程度の注意を欠いたために、債務不履行を生じるであろうことを認識しないことをいいます（コンメンタール民法 770 頁）。また、信義則上これと同視される事由としては、履行補助者の故意・過失が含まれます（最判昭和 30 年 4 月 19 日民集 9 巻 5 号 556 頁）。

V　解除の効果（改民 545）

1　本条が問題となる場面

　取引基本契約に基づき製品を継続的に納品していたところ、当該契約が解除された場合には、納品された製品はどのように扱うことになるでしょうか。そのような、解除に伴う効果について定めたのが改正民法 545 条です。同条は、現行民法や従前の解釈を維持する内容となっており、実務上の影響は少ないと考えられます。

　なお、取引基本契約は、継続的な契約関係を前提としていますので、取引基本契約自体を解除する場合には、解除により契約成立時にさかのぼって契約関係を解消させるのは適切ではなく、性質上、将来効のみが認められると解されています。他方、取引基本契約に基づき締結される個々の個別契約については、かならずしも継続的な契約ではないため、改正民法 545 条の適用を受けることになります。

2　改正民法の内容

　現行民法 545 条（解除の効果）は、契約が解除された場合の効果について規定しています。改正民法では、現行民法 545 条の内容を維持しつつ、あらたに改正民法 545 条 3 項が付け加えられています。

　現行民法 545 条 1 項は、契約が解除された場合には、各当事者がその相

手方を原状に復させる義務を負うことを規定しています。通説的な見解によれば、契約が解除された場合には、契約の効力が遡及的に消滅する（つまり、契約関係が最初からなかったとみなされる）ことになりますので（これを、直接効果説といいます）、すでに履行された部分については、それを原状に復させる義務が生じることになります。

改正民法545条2項および3項は、このような考え方に基づいた場合に、原状回復の具体的内容について定めるものです。同条2項（現民545Ⅱと同一内容）は、金銭を返還するときには、利息を付さなければならないことを、同条3項は、金銭以外の物を返還するときには、その物とともに、その物から生じた果実もあわせて返還しなければならないことを規定しています。なお、新設された同条3項についても、従前の解釈を明文化したものであり、実務上の影響は少ないと考えられます。

改正民法545条4項（現民545Ⅲと同一内容）は、契約の解除によって契約の効力が遡及的に消滅したとしても、相手方に対する損害賠償請求権は消滅せず、その賠償を請求することができる旨を確認的に規定するものです。

コラム：果実とは

改正民法545条3項では「果実」という用語が使われています。

果実には、天然果実と法定果実があります（民88）。天然果実とは、物の用法に従い収受する産出物のことをいい（民88Ⅰ）、畑から収穫できる野菜や、鉱山から採掘できる鉱物等がこれにあたります。法定果実とは、物の使用の対価として受けるべき金銭その他の物のことをいい（民88Ⅱ）、家屋使用の対価である家賃、宅地使用の対価である地代等がこれにあたります。

また、法定果実と区別される概念として、物の使用収益による利益（使用利益）があります。使用利益については、改正民法においても規定が設けられていませんが、現行民法下での判例では、不当利得として返還しなければならないと解されており（最判昭和34年9月22日民集13巻11号1451頁、最判昭和51年2月13日民集30巻1号1頁）、かかる解釈は、改正民法下でも妥当するものと考えられます。

第2章　民法改正と取引基本契約

Ⅵ　解除権者の故意による目的物の損傷等による解除権の消滅（改民548）

1　本条が問題となる場面

　受注者が不完全な製品を納品したところ、解除をしていない段階で、発注者がそれを返却することなく故意もしくは過失によって加工してしまった場合に、なおも発注者は、取引基本契約を解除することができるのかという問題について定めたのが、改正民法548条です。

2　改正民法の内容

　現行民法548条1項は、解除権を有する者が自己の行為もしくは過失によって契約の目的物を著しく損傷し、もしくは返還することができなくなったとき、または加工もしくは改造によってこれを他の種類の物に変えたときには、解除権が消滅する旨を規定しています。

　改正民法548条は、現行民法548条1項における「行為若しくは過失」との表現を、「故意若しくは過失」とあらためたうえで、あらたにただし書を設け、解除権を有する者がその解除権を有することを知らなかったときは、なお解除権は消滅しない旨を規定しています。

　改正民法548条本文については、現行民法下においても、「行為若しくは過失」という文言は、「故意若しくは過失」と同義であると解されていましたので（コンメンタール民法1121頁）、実質的な変更はないと考えられます。

　改正民法548条ただし書については、解除権者が解除権を行使することができることを知らない場合であっても適用されるとすれば、たとえば、売買の目的物に瑕疵があった場合に、買主がその瑕疵の存在を知らずに加工等をしたときであっても（上記の例では、発注者が、不完全な製品であったことを知らずに加工した場合）、解除権は消滅してしまうことになりますが、この帰結は妥当でないなどの理由から、あらたに規定されたものです（部会資料68A・32頁）。

③ 契約の解除

　なお、現行民法548条2項については、同条1項の要件を充足しない場面のうちの一部を取り出したものにすぎず、無用の混乱を招きかねないとして、削除されています（部会資料83-2・11頁）。

4　危険負担

Ⅰ　はじめに

1　危険負担が問題となる場面

　AがBに対して材料を供給し、Bがその材料をもとに製品を製造し、Aに引き渡す代わりに、BはAから加工委託料の支払を受けるといった取引基本契約を締結していましたが、AがBに材料を引き渡した後に震災が起こり、材料が滅失してしまいました。この場合、Bは、みずからの責めに帰すべき事由によることなく、製品を製造することができなくなっています。この場合でも、AはBに対して加工委託料を支払わなければならないのでしょうか。

　このような場面で問題となるのが「危険負担」です。現行民法では、特定物の引渡債務が債務者の責めに帰すべき事由によることなく履行不能となった場合には、反対債務は残りますが、それ以外の債務の場合には、反対債務は消えることとされていました。では、改正民法では、危険負担につき、どのような改正がなされたのでしょうか。

コラム：債権者主義・債務者主義

　以上の事例において、AのBに対する加工委託料債務については、①存続するという処理と、②消滅するという処理の2とおりが考えられます。ここで、目的物の引渡債務が履行不能となる危険（リスク）を負担する主体にあわせて、①のように処理する考え方を「債権者主義」、②のように処理する考え方を「債務者主義」といいます。現行民法は、原則として債務者主義を採用していますが、例外的に債権者主義も採用しています。これに対し、改正民法では、以下本文で述べるとおり、債権者主義について見直しがなされました。

---

4 危険負担

コラム：特定物債権・種類債権

危険負担の説明をするにあたり、「特定物債権」、「種類債権」について説明します。

「特定物債権」とは、特定物の引渡しを目的とする債権であり、「種類債権」とは、一定の種類に属する物の一定量の引渡しを目的とする債権です。具体例をあげるとすると、前者は、不動産の売買契約に基づき「この不動産」と特定される不動産の引渡しを求める債権であり、後者は、**4** Ⅰ 1 の事例のように一定の製品の継続的な供給を目的とする取引基本契約に基づき、製品の引渡しを求める債権です（「この不動産」と特定される不動産とは異なり、個々の製品については、個性が問題にされません）。

現行民法において債権者主義を定めた危険負担の規定は、原則として特定物債権を前提としたものとなっていますが、種類債権についても、種類に属する物のなかから具体的に給付されるべき物を「特定」した場合には、危険負担の規定が適用されることとなります（現民 534 Ⅱ）。どのような場合に「特定」がなされるのかという問題がありますが、特定の方法に関して当事者間で合意がなされているのであれば、当該合意に基づき特定がなされるものの、そのような合意がなされていない場合には、特定の方法は、以下のとおり、債務の履行方法により異なることとなります。

	債務の履行方法	特定の方法
①	債務者が債権者の住所に目的物を持参すべき場合	目的物を債権者の住所にて現実に提供すること
②	債権者が債務者の住所に目的物をとりに来る場合	債務者が目的物を「分離」し、引渡しの「準備」を整えて、これを債権者に「通知」すること
③	債権者・債務者の住所以外で目的物を引き渡すべき場合	当該場所で現実に目的物を提供すること

特定の方法につき、細かい説明は省略しますが、以下で登場する事案では特定がなされていることを前提として説明をしています。

2 改正民法のポイント

(1) 債権者主義の削除

特定物の引渡しをすることが目的となっている債務（特定物債務）が履行不能になった場合に関し、債権者主義を定めた現行民法534条および535条は削除されることになりました。

(2) 履行拒絶権への変容

現行民法536条は、双務契約において、債務者の責めに帰することできない事由によって債務の履行が不能になった場合、反対債務が当然に消滅すると定めていましたが、改正民法536条1項は、債権者に反対給付につき履行拒絶権を付与しました。

Ⅱ 債権者主義の削除

現行民法では、特定物債務で、債務者の責めに帰することのできない事由により目的物が滅失・損傷した場合、反対債務は消滅せず、存続するとされていました。たとえば、Aが継続的に取引を行っているBとの間で、代金100万円で商品を売却する旨の個別契約を締結しましたが、その後、商品をBに引き渡す前に、落雷による火災により（Aの責めに帰することできない事由により）、保管倉庫が炎上し、商品が焼失してしまった場合、Bは商品の引渡しを受けられていないにもかかわらず、Aに対して、代金100万円を支払わなければならなかったわけです（最判昭和24年5月31日民集3巻6号226頁等）。

しかし、特定物の引渡しを受けていないにもかかわらず（さらに、履行不能に基づく損害賠償請求ができないにもかかわらず）、反対債務を履行しなければならないという帰結は不合理であり、現行民法下においても、ほとんどの学説がその不合理性を指摘していました。また、実際に締結されている契約においても、現行民法534条の適用を明示的に排除する趣旨の規定や、危険の移転時期を特定物の引渡し時や代金受領時に変更する規定が設けられることが普通でした。そこで、改正民法は、現行民法534条および

4 危険負担

これと関連する現行民法535条を削除しました。

Ⅲ 履行拒絶権への変容

3で述べたとおり、改正民法542条1項1号は、債務の全部の履行が不能であるとき、それが当事者双方の責めに帰することのできない事由による場合であっても、債権者は、催告をすることなく、ただちに契約の解除をすることができると規定しています。この場合に現行民法536条1項を維持すると当事者双方に帰責事由がない場合について、反対債務の消滅という効果を有する制度が重複して存在することとなってしまいます。かといって、危険負担の制度を廃止すると、反対債務を消滅させるために、解除の意思表示が必要となり、実務的な負担が増える可能性があります。

そこで、改正民法は、危険負担の制度を維持しつつ、制度の重複を防ぐため、改正民法536条1項のとおり、危険負担を「反対債務の履行拒絶権」として規定し直しました。

それでは、現行民法と改正民法の違いについて理解するため、AがBに対して、ある商品を発注し、Bがこれを受注した後、当該商品がAおよびBの責めに帰すべき事由によることなく、すべて火災により焼失した場合を考えてみましょう。

現行民法では、危険負担について特段の合意がない場合には、AはBに対して、代金を支払う必要があります。すなわち、Aは商品をまったく手にしていないにもかかわらず、Bに対して代金を支払わなければならないという不合理な結果となります。

【現行民法】

これに対し、改正民法では、Aは、Bから代金の支払を求められたとし

43

第2章　民法改正と取引基本契約

ても、当該商品の引渡しが不能であることを理由として、代金の支払を拒絶することができます。通常の感覚としては、改正民法のほうが、納得のいく帰結になるかと思われます。

　もっとも、商品の焼失が、Aの責めに帰すべき事由（商品が保管されているBの倉庫の隣に、Aの営業所がある場合に、Aの火の不始末によりBの倉庫に火災が発生した場合等を想定してください）による場合には、AはBから代金の支払を求められた場合に、それを拒絶することはできません（改民536Ⅱ前段）。

　なお、改正民法536条2項後段は、現行民法とほとんど変わるところはありませんが、債権者の責めに帰すべき事由によって債務の履行をすることができない場合において、債務者は、自己の債務を免れたことによって利益を得たときは、これを債権者に償還しなければならないと定めています。これは、上述の例を前提とすると、Bは商品の引渡義務を履行することができなくなっていますが、その分、商品の引渡しに要する運賃等を支払う必要がなくなり、その支払を免れた分だけ利益を得ています。そこで、このようにBが得た利益については、Aに償還しなければならないというのが、改正民法536条2項後段の趣旨になります。

5 保証債務

I 保証人保護のための情報提供義務

1 保証契約締結時の主債務者の情報提供義務（改民 465 の 10）

現行民法では、主債務者が事業のために負担する債務について保証を委託する場合に特段の情報提供義務は課されていませんが、改正民法では、主債務者が事業のために負担する債務について個人に保証を委託する場合には、主債務者は保証人に①財産および収支の状況、②主たる債務以外に負担している債務の有無ならびにその額および履行状況、ならびに、③主たる債務の担保として他に提供し、または提供しようとするものがあるときは、その旨およびその内容に関する情報を提供しなければなりません（改民 465 の 10 I Ⅲ）。

主債務者がこのような情報を提供する義務を怠り、または虚偽の情報を提供したため、委託を受けた者がその事項について誤認をして保証契約を締結した場合、債権者が情報提供義務違反を知り、または知ることができた場合には、保証人は保証契約を取り消すことができます（改民 465 の 10 Ⅱ）。

なお、上記情報提供義務は、個人保証の場合にのみ適用されますので、法人が保証人になる場合は適用されません（改民 465 の 10 Ⅲ）。

以上から、たとえば、取引基本契約にかかる継続的取引に関して、買主が自己の信用力を補完するために、個人に保証人になってもらうことを委託する場合、現行民法では、買主は、保証の委託を受ける個人にこのような情報を提供する義務は特にありませんが、改正民法が施行されると、上記①～③のような情報を提供する義務を負います。仮に、買主がこのような義務を怠って、保証の委託を受けた個人が①～③の事項について誤認を

第2章　民法改正と取引基本契約

して売主と保証契約を締結し、売主が買主の情報提供義務違反を知っているか、知ることができた場合には、保証人は保証契約を取り消すことができるということになります。

2　主債務者の履行状況に関する債権者の情報提供義務（改民458の2）

現行民法では、債権者に保証人に対する特段の情報提供義務は課されていませんが、改正民法では、保証人が主債務者から委託を受けて保証した場合において、保証人から請求があった場合には、債権者は、保証人に対して、遅滞なく主債務者についての不履行の有無（元本だけでなく、利息その他の付随する債務の不履行を含みます）、残高および期限の到来の有無に関する情報を提供しなければなりません（改民458の2）。

また、債権者がこの義務を怠った場合の効果は特に規定されていませんので、仮に債権者がこの義務に違反をしたとしても、ただちに保証人への請求ができなくなるなどの効果が生じることはないものと考えられます。ただし、債権者がこの義務を怠った場合には、債務不履行の一般法理に基づいて、解除や損害賠償請求のルールの適用があるものと考えられます。

なお、この債権者の情報提供義務は、主債務者との関係では、情報提供義務の対象となっている情報についての守秘義務から、債権者を解放する意味もあります。

また、上記情報提供義務は、個人保証の場合に限らず、法人が保証人になる場合にも適用される点に留意が必要です。

以上から、たとえば、取引基本契約にかかる継続的取引に関して、買主が自己の信用力を補完するために、ある者（個人、法人を問いません）に保証人になってもらうよう委託をして、その者がこれを受けて保証人になった場合、現行民法では、売主においてこのような情報を保証人に提供する義務は特にありませんが、改正民法が施行されると、保証人から請求があれば、売主は保証人に上記のような情報を提供しなければなりません。仮に、保証人から請求がなされたにもかかわらず売主がこれに応じなかった場合において、買主が売買代金の支払をしないため、売主が保証人に保証

債務の履行を求めた場合に、保証人が保証義務の履行を免れるということにはならないと考えられますが、売主の情報提供義務の不履行により保証人に何らかの損害が発生している場合には、保証人は売主に損害の賠償を求めることができると考えられます。

3 主債務者が期限の利益を喪失した場合の債権者の情報提供義務（改民458の3）

　現行民法では、債権者に保証人に対する特段の情報提供義務は課されていませんが、改正民法では、保証人が主債務者の委託を受けたか否かにかかわらず、保証人が個人である場合には、債権者は、主債務者が期限の利益を喪失した場合には、その事実を知った時から2か月以内に保証人に対して通知しなければなりません（改民458の3Ⅰ）。

　また、債権者がこの義務を怠った場合、債権者は、保証人に対して通知までの間、期限の利益を失ったことによって生じるはずであった遅延損害金に対応する部分の保証債務の履行を請求することができなくなります（改民458の3Ⅱ）。

　なお、上記情報提供義務は、個人保証の場合にのみ適用されますので、法人が保証人になる場合は適用されませんが（改民458の3Ⅲ）、個人の保証人である限り、主たる債務者から委託を受けて保証をしたかどうかを問わず適用される点に留意が必要です。

　以上から、たとえば、取引基本契約にかかる継続的取引に関して、買主の信用力を補完するためにある個人が保証人になっている場合、現行民法では、売主にこのような情報を提供する義務は特にありませんが、改正民法が施行されると、上記のような情報を提供する義務を負います。仮に、買主が代金の一部の支払を怠り、残部の代金債務の期限の利益を喪失した場合、買主が期限の利益を喪失したことを売主が認識してから2か月以内にその事実を保証人に通知しない場合には、売主が保証人に保証債務の履行を求める際に、買主が期限の利益を喪失した時からその旨の通知をした時までに生じた遅延損害金に対応する部分について保証債務の履行を請求

第2章　民法改正と取引基本契約

することができなくなります。

　このため、実務上は、売主が期限の利益の喪失および全額の支払を求める旨の通知書を買主に送付する際に、買主に加えて保証人にも通知書を送付する対応が望ましいと考えられます。また、取引基本契約上、当然失期条項（買主が売買代金の一部の支払を怠った場合、当然に残代金の支払義務について期限の利益を喪失する旨の条項）が定められている場合であっても、実務上、買主が期限の利益を喪失した場合には、売主は買主に通知書を送付するのが一般的と思われますので、この際に買主に加えて保証人にも通知書を送付することが望ましいと考えられます。

Ⅱ　根保証における保証人（個人保証人）の保護拡大

1　極度額の設定義務の個人保証債務一般への拡大（改民465の2）

　根保証とは、特定の債務を保証するのではなく、債権者と主債務者との間の取引等により日々発生・消滅する不特定の債権を包括的に保証するタイプの保証です。

　現行民法では、個人が保証人となる根保証のうち、その債務の範囲に貸金等債務（その債務の範囲に金銭の貸渡しまたは手形の割引を受けることによって負担する債務）が含まれるものについては、一定の金額（極度額）の範囲内でのみ責任を負うとされていて（現民465の2Ⅰ）、このような貸金等根保証契約について、極度額を定めない場合には、無効とされています（現民465の2Ⅱ）。

　これに対して、改正民法では、この現行民法465条の2の適用対象を個人が保証人となる保証債務全般に拡大しました。すなわち、個人が保証人となる根保証については、保証人は一定の金額（極度額）の範囲内でのみ責任を負い（改民465の2Ⅰ）、極度額を定めない場合には、無効とされることになりました（改民465の2Ⅱ）。

　以上から、たとえば、取引基本契約にかかる継続的取引に関して、買主が信用力を補完するために個人に根保証を委託する場合、現行民法では極

48

度額を定めない根保証とすることも可能でしたが、改正民法により極度額を定めなければ、保証契約は無効とされることになりました。

また、取引基本契約に基づく継続的取引がなされる過程で取引残高は変動することになりますが、この取引残高が極度額を超えると超過部分は保証の対象から外れることになりますので、実務上、取引残高と極度額を定期的に確認して、管理をする必要があるものと考えられます。

2 貸金等根保証以外の個人根保証の元本確定事由の拡大（改民465の4）

現行民法においては、個人が保証人となる根保証のうち、その債務の範囲に貸金等債務（その債務の範囲に金銭の貸渡しまたは手形の割引を受けることによって負担する債務）が含まれるものについては、①保証人の財産についての強制執行等の申立て、②保証人についての破産手続開始の決定、③主債務者または保証人の死亡、④主債務者の財産についての強制執行等の申立て、⑤主債務者についての破産手続開始決定が元本の確定事由とされていました。

これに対して、改正民法においては、上記個人が保証人となる根保証のうちその債務の範囲に貸金等債務が含まれるものの元本確定事由は上記のとおり①～⑤を元本確定事由としつつ（改民465の4ⅠⅡ）、さらにこれに加えて、個人が保証人となる根保証全般についても、上記①～③を元本の確定事由とすることになりました（改民465の4Ⅰ）。

以上から、たとえば、取引基本契約にかかる継続的取引に関して、買主の信用力を補完するために個人が根保証をしている場合、現行民法では元本確定事由が定められていないため、保証人の財産に強制執行等の申立てがなされたり、保証人が破産手続開始決定を受けたり、買主や保証人が死亡したりしても、元本が確定することはありませんでしたが、改正民法においては、これらの事由が生じた場合には、元本が確定し、それ以降に買主が売主に対して負担した債務は根保証の対象から外れることになりました。

第2章　民法改正と取引基本契約

Ⅲ　その他

1　事業性借入を主債務とする保証における公正証書の作成と保証の効力（改民465の6）

　改正民法において事業性借入を主債務とする保証について公正証書の作成が要求されることになり、保証人の保護が強化されましたが、以下のとおり、取引基本契約に基づく取引との関係では、ほぼ影響がないものと考えられます。

　まず、改正内容を解説しますと、事業経営をしている親族や知人等から事業経営に必要な借入に関する保証を委託され、個人的な関係上保証の委託を断れず保証を引き受け、結果的に、主債務者が借入を弁済できずに保証人が多額の債務を背負うという事例が多くみられます。

　しかしながら、現行民法上は、保証契約が書面でなされなければ無効とされたり、貸金等根保証契約（個人が保証人となる根保証のうち、その債務の範囲に貸金等債務（その債務の範囲に金銭の貸渡しまたは手形の割引を受けることによって負担する債務）が含まれるもの）については、極度額を定めなければ無効とされていますが、それ以上に、事業性の借入に伴う保証人を保護する規定は存在しません。

　これに対して、改正民法では、事業のために負担した貸金等債務を主たる債務とする保証契約や主たる債務の範囲に事業のために負担する貸金等債務が含まれる根保証契約は、契約締結の日前1か月以内に作成された公正証書により保証人が保証債務を履行する意思を表示していなければ、無効とされることとなりました（改民465の6Ⅰ）。

　ただし、いわゆる経営者保証の場合は公正証書を作成しなくとも例外的に無効とはなりません。すなわち、主債務者が法人である場合の経営者（取締役、執行役、理事等）、オーナー（議決権の過半数を保有する者）、個人事業者である主債務者と共同して事業を行う者、主債務者の事業に従事している主債務者の配偶者については、公正証書を作成せずに保証契約を締結し

50

⑤ 保証債務

ても無効とはなりません。これは、このような経営者保証の場合には、保証人は事業実態を理解したうえで保証人になっているものと考えられますので、特に公正証書を作成させることにより保証意思を確認する必要性が乏しいと考えられるためです。

　もっとも、取引基本契約にかかる継続的取引に関して、買主等契約当事者の一方が信用力を補完するために個人に保証を委託する場合、主債務は取引債務であり、事業性の借入が主債務となることは通常ないと思われます。このため、取引基本契約にかかる継続的取引に関して発生する債務について保証をする場合には、改正民法465条の6の適用はなく、公正証書の作成も不要と考えられます。

2　連帯保証人に対する請求等（改民458）

　現行民法458条においては、保証人が主債務と連帯して債務を負担する連帯保証の場合、連帯債務に関する現行民法434条から440条までの規定を準用するとしているため、連帯保証人について生じた、履行の請求、更改、相殺、免除、混同および時効については主債務者に対しても効力が及び（現民434～439。絶対的効力）、連帯保証人に生じたそれ以外の事項については主債務者に対して効力が及びません（現民440。相対的効力）。

　これに対して、改正民法458条においては、保証人が主債務と連帯して債務を負担する連帯保証の場合、連帯債務に関する改正民法438条から441条までの規定を準用するとしているため、連帯保証人について生じた、更改、相殺および混同についてのみ主債務者に対して効力が及びますが（改民438～440。絶対的効力）、連帯保証人に生じたそれ以外の事項については主債務者に対して効力が及びません（改民441。相対的効力）。つまり、現行民法では、履行の請求、免除、時効については絶対的効力とされていましたが、改正民法では、これらの事項は相対的効力とされることになりました。

　ただし、この絶対的効力・相対的効力のルールは任意規定ですので、当事者間で異なる合意により変更することが可能です（改民458、441ただし

第2章　民法改正と取引基本契約

書）。

　以上から、たとえば、取引基本契約にかかる継続的取引に関して、買主の信用力を補完するために個人が連帯保証をする場合、現行民法では、売主が連帯保証人に履行の請求をすれば、主債務の時効も中断することになりますが、改正民法では、売主が連帯保証人に履行の請求をするだけでは主債務の時効は中断しませんので、主債務の時効を中断させるためには主債務者に別途履行の請求をする必要があります。ただ、上記のとおり、絶対的効力・相対的効力のルールは任意規定ですので、取引基本契約において保証人への履行の請求が絶対的効力を有する旨の合意をしていれば、売主が連帯保証人に履行の請求をすれば、主債務の時効も中断することになります。

3　経過措置について

　経過措置として改正民法の施行日前に締結された保証契約に係る保証債務には改正民法は適用されないとされています（改民附則 21）。

　したがって、売主と保証人との保証契約が改正民法の施行日後に締結されたものに限り、上記で解説した改正民法の規律が適用されることになりますので留意が必要です。

52

6 債権譲渡

I 改正のポイント

1 債権譲渡自由の原則

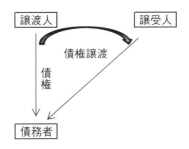

　債権譲渡とは、たとえば売掛金債権を第三者に譲渡するなど、債務者に対して有する請求権を第三者に譲渡することをいいます。
　現行民法においても、債権の譲渡は原則として自由に行えるものとされています（現民466Ⅰ）。そして、例外的に、当事者間で合意をすることによって債権の譲渡制限の特約をつけることができるものとされています（現民466Ⅱ）。ただし、条文上債権譲渡制限特約がつけられていることについて、善意の第三者には対抗することができないものとされており、解釈上は、債権譲渡制限特約が付されていることを知らないことについて、重大な過失が認められない者に対しては債権譲渡制限特約を主張することができないものとされていました（現民466Ⅱただし書）。
　現行民法においては、譲渡制限特約の付された債権の譲渡は第三者との関係においても無効であるとの解釈が一般的でしたが、この点に関して、中小企業等が、自社が保有している債権を譲渡して資金調達を行うことの

支障となっている、との指摘がなされていました。

そこで、改正民法では、債権譲渡の効力は譲渡制限特約がある場合でも原則として有効である（譲渡制限特約は債権的効力のみ有する）ことが明文化されました（改民466Ⅱ）。

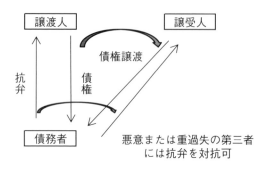

そして、譲渡制限特約について、知っていた者または知らなかったが、知らないことについて重大な過失が認められる者が債権を譲り受けた場合については、債務の履行を拒絶でき、かつ、譲渡人に対する弁済等債務を消滅させる事由を譲受人にも対抗できることも明文化されました（改民466Ⅲ）。

たとえば、譲渡の対象となった債権に譲渡制限特約が付されていたにもかかわらず債権譲渡がなされた場合において、債務者が債権譲渡後に債権者（譲渡人）に弁済をした場合、譲受人が、譲渡制限特約が付されていることについて悪意または重過失であること、つまり譲渡制限特約が付されていることについて知っていたり、重大な過失によって知らなかったときには、債務者が譲渡人に対して当該弁済を譲受人に対抗することができます。

取引基本契約においては、一般的に債権の譲渡を禁止していたり、譲渡に当事者間の合意を要することとしていることが多くみられるため、債権譲渡制限の特約が付されていることを前提に対応する必要がありますが、これらの改正によって、譲渡制限特約が付されていても債権譲渡が有効であることを前提に対応しなければならないこととなりました。

6 債権譲渡

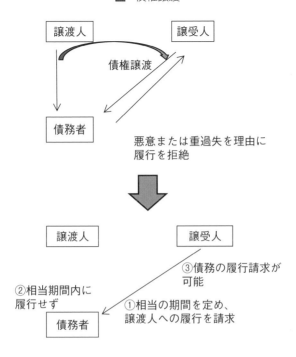

　また、譲渡制限特約が付されていることについて譲受人が悪意または重過失である場合、債務者は、譲受人からの請求を拒絶することができますが（改民466Ⅲ）、債務者が譲受人に対する債務の履行を拒絶している場合においては、譲受人が、債務者に対し、相当の期間を定めて、譲渡人に債務の弁済を行うように請求をし（法律用語では、「催告」といいます）、その期間内に債務者が譲渡人に対して債務の履行を行わなかった場合には、譲受人は債務者に対して、譲受人に対して債務の履行をするよう請求することができ、債務者も譲受人の悪意または重過失を理由に履行を拒絶することができないという制度が設けられました（改民466Ⅳ）。

コラム：善意と悪意

　法律家と話をしていると、「善意の第三者なので保護される」であるとか、「悪意なので保護されない」などと発言されることがあるかと思います。

第2章　民法改正と取引基本契約

　日常用語としては、「善意」は親切心等のよい心を意味し、「悪意」は他人を害する悪い心を意味することが一般ではないかと考えます。

　しかし、法律用語としては、「善意」はある事実を知らないことを意味し、「悪意」はある事実を知っていることを意味します。

　そのため、冒頭の例では、「善意（ある事実を知らない）であるので保護される」「悪意（ある事実を知っている）であるので保護されない」ということを意味することになります。

　法律の条文においても、たとえば、現行民法112条本文では「代理権の消滅は、善意の第三者に対抗することができない。」と規定されています。この規定のみから解釈すると、仮に代理権が消滅したとしても、その消滅の事実を知らない第三者（善意の第三者）には、その消滅の事実を主張することができない（対抗できない）が、その消滅の事実を知っている第三者（悪意の第三者）には、その消滅の事実を主張することができる（対抗できる）ことを意味します。

2　供託の手続

　供託とは、金銭等を供託所に提出してその財産の管理を委ねることで、債務の弁済等の目的を達成しようとするために設けられた制度です。

　現行民法上、債権者がわからない場合については、供託を行うことが認められています。

　そして、債権譲渡制限特約が付された金銭債権が譲渡された場合に、譲受人が特約の存在を知っているかどうか債務者が知ることができないときにも、債務者がわからない場合として供託（現民494後段）ができるものと解釈されていて、実際にも広く利用されていました（一問一答166頁参照）。

　これに対して、改正民法では、譲渡制限特約が付されていても、譲受人が債権者となるため、債権者がわからない場合にはあたらなくなります。しかし、改正民法においても、譲渡制限特約が付されていることを譲受人が知っていたかどうかによって、債務者が有効に弁済できる相手方が異なるため、供託の利用を認める必要性があるとして、供託の規定が新設され

56

6 債権譲渡

ました。また、一般に、債権者がわからない場合の供託については、債権者がわからないことについて無過失が必要とされていますが（現民 494 後段）、債権者保護の観点から、債務者の無過失は要求されなくなりました（改民 466 の 2 Ⅰ）。供託を行った場合の手続等についても改正で規定が加えられており、債務者が供託をした場合には譲渡人および譲受人に対して遅滞なく通知を行うものとされ（改民 466 の 2 Ⅱ）、供託金の還付請求については、譲受人のみが行うことができるとされました（改民 466 の 2 Ⅲ）。

上述のとおり、取引基本契約においては、一般的に債権の譲渡を制限していたり、譲渡に当事者間の合意を要することとしていることが多くみられますが、それにもかかわらず債権者が債権を譲渡してしまった場合に、債務者は当然に供託をすることができます。

3 債権譲渡の譲渡人の倒産

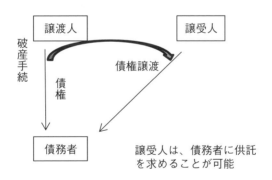

改正民法では、債権譲渡の譲渡人について、破産手続開始の決定があった場合には、譲渡制限特約の付された債権の全額を譲り受けた譲受人は、第三者対抗要件を具備している場合には（対抗要件については 6 参照）、悪意または重過失であっても債務者に対して債権全額の供託を求めることができ、供託金から債権の回収を行うことができることとされました（改民 466 の 3）。第三者対抗要件の具備の方法としては、債務者に内容証明郵便での

通知をする対応が一般的です。

なお、供託の請求をできる者が、債権の全額を譲り受けた者に限定されていますが、この趣旨は供託金をめぐる権利関係の複雑化を避けるためといわれています。

この規定に基づき供託をした債務者は、遅滞なく譲渡人および譲受人に通知する必要があります（改民 466 の 3、466 の 2 Ⅱ）。

一方、譲受人から供託請求がなされず、破産管財人が債務者から弁済を受けた場合、譲受人が有する請求権は、破産手続において、不当利得返還請求権として財団債権という他の債権と比較して優先的に弁済を受けることができる債権に該当するものと考えられています。財団債権とされた場合は、破産手続によらずに随時弁済を受けることができますが、破産財団といわれる破産会社の財産が財団債権の総額を弁済することができない場合には、債権額の割合に応じて按分した弁済しか受けられなくなるため、かならずしも全額が保護されるわけではありません。

4　譲渡制限特約と差押え

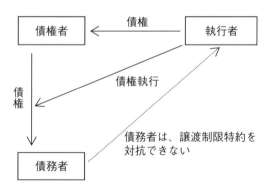

これまでは債権譲渡の場面の問題でしたが、債権譲渡以外の場面についても改正がなされています。

まず、譲渡制限特約と強制執行の関係について、譲渡制限特約がつけら

れた債権に対して強制執行がなされた場合、差押えを行った債権者に対しては、譲渡制限特約の効力を主張できないということも明文化されました（改民 466 の 4 Ⅰ）。これは、私人間の合意によって差押禁止財産を作り出すことを認めるべきではないという考えに基づくものです。

取引基本契約においても、前述したとおり、譲渡制限特約が付されることが一般的ですが、その場合でも差押えに対しては譲渡制限特約の効力を対抗することができないという結論になります。

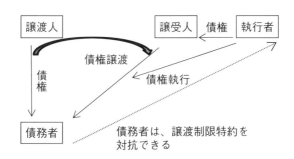

一方で、譲渡制限特約の存在について悪意または重過失の者が債権を譲り受けた場合において、その債権に対して差押えがなされた場合については、債務者は、差押債権者に対して譲渡制限特約の効力を主張することができるものとされています（改民 466 の 4 Ⅱ）。これは、もともと譲受人が債権の譲受けの効力を主張できない以上、譲受人が有する権利以上のものを差押債権者に認めることができないという考えに基づくものです。

5　将来債権譲渡の明文化

将来債権とは、将来発生する債権のことをいい、たとえば、現時点以降の期間に発生する診療報酬債権や売掛債権等があります。

現行民法においては、将来発生する債権の譲渡に関する規定は定められていません。しかし、たとえば、前述の将来債権の例を使えば、病院の設備投資のための融資を受けるために将来発生する診療報酬債権を担保にし

第2章　民法改正と取引基本契約

たり、複数の取引先に対して将来取得する予定の売掛代金債権を担保にしたりするなど、将来発生する債権を担保にした融資を可能にするために、将来債権の譲渡を認める必要性がありました。そのため、判例上も、将来発生する債権を目的とする債権譲渡契約について、適宜の方法によって、その期間の始期および終期を明確にするなどによって譲渡の目的たる債権が特定されれば有効とされています（最判平成 11 年 1 月 29 日民集 53 巻 1 号151 頁）。実務上も将来の収益源である売掛金債権等を担保にして資金を調達する手法が脚光を浴びています。

　そこで、改正民法では、裁判例や実務上の取扱いにならって、将来発生する債権の譲渡が可能であることを明文化しました（改民 466 の 6 Ⅰ）。将来債権が譲渡された場合には、債権が現実に発生した時点で譲受人が当然にその債権を取得することも定められました（改民 466 の 6 Ⅱ）。

　将来発生する債権に対して譲渡制限特約がつけられた場合については、将来発生する債権譲渡の対抗要件を具備するための通知または承諾をした時までの間に、譲渡制限特約がつけられた場合については、譲受人は譲渡制限特約について知っていたものとみなされます（改民 466 の 6 Ⅲ）。この場合、債務者から譲渡制限特約を理由に履行を拒絶されたり、譲渡人に対して対抗可能である抗弁を主張される可能性があります。

　一方で、対抗要件を具備した後に譲渡制限特約がつけられた場合については、特段の規定は設けられていませんが、特に規定を設けなくても、譲渡制限特約がつけられる前にすでに対抗要件が具備されているため、対抗要件具備後に生じた抗弁は譲受人に対抗できず（改民 468）、譲渡制限特約は常に対抗できないということになります。

　たとえば、継続的な売買契約によって将来的に生じる商品売買代金債権について、将来債権譲渡を行ったという場合に、売買契約について取引基本契約書を定め、そのなかで商品売買代金債権の譲渡制限特約を入れたという場合において、将来債権譲渡のための対抗要件具備のための通知または承諾が、譲渡制限特約について定めた取引基本契約書の締結よりも早ければ譲渡制限特約の効力を譲受人に対抗することはできませんが、かかる

6　債権譲渡

取引基本契約書の締結が、対抗要件の具備よりも早ければ、譲渡制限の効力を対抗される可能性があるということになります。

6　債権譲渡の対抗要件

　債権譲渡の対抗要件とは、債権譲渡を受けたことを主張するために必要とされる法律上の要件のことです。債務者との関係で必要とされる対抗要件と第三者との関係で必要とされる対抗要件の2つがあります。

　現行民法上、債権譲渡の対抗要件として、債務者に対する対抗要件としては、債務者への通知または債務者の承諾、第三者に対する対抗要件としては、債権譲渡登記または確定日付のある書面による通知・承諾であることが明文化されています（現民467ⅠⅡ、動産及び債権の譲渡の対抗要件に関する民法の特例等に関する法律4）。

　これに対して、改正民法では、対抗要件を具備するための制度自体については変更せず、債権譲渡の対象となる債権について、「現に発生していない債権の譲渡を含む。」として、将来発生する債権についても、現行の対抗要件制度が適用されることを明らかにしました（改民467Ⅰ）。

　一方で、債権譲渡登記に一元化するなど対抗要件制度の抜本的な見直しについても検討をされていましたが、今回の民法改正においては、大多数の賛成を得られる制度づくりがむずかしいことから見送られることとなりました。

7　異議をとどめない承諾

　現行民法では、債権譲渡がなされた場合に、債務者が異議をとどめない承諾をすると、譲渡人に対抗することができた抗弁を譲受人に対抗できないこととされていました（現民468Ⅰ）。しかし、異議をとどめない承諾は、異議がない旨を積極的に示す必要はなく、特別な方式を求められないものであるため、債務者からすると単に債権譲渡を認める旨の通知をしただけであったのに、異議をとどめない承諾となってしまって、対抗できたはずの抗弁を失ってしまうという酷な結果が生じるという問題が指摘されてい

ました。

　そこで、改正民法では、譲渡人に対する抗弁を譲受人にも対抗できることを原則として、異議をとどめない承諾の制度を廃止しました。

　そして、あらたに抗弁放棄の意思表示がない限りは抗弁を失わないこととしました。

　そのため、今後は抗弁を放棄する意思表示をしない限り、債権譲渡の承諾をしても譲渡人に対抗できた抗弁を主張できなくなるということはなくなりました。

8　債権譲渡と相殺（無制限説の採用）

　現行民法では、債権譲渡がされた場合に、債務者は債権譲渡の通知を受けるまでに譲渡人に対して生じた事由を債権の譲受人に対抗することができるものとされています（現民468Ⅱ）。

　しかし、債務者が譲受人に対して相殺を主張する場合に、どのような場合に相殺が認められるのかという点は争いがありました。

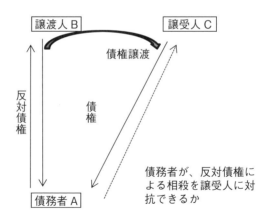

　たとえば、譲渡人Bが債務者Aに対して有する債権を譲受人Cに譲渡したという場面を想定してみてください。一方で、もともとAがBに対する反対債権を有していたという場合に、債権の譲受人であるCからAへ

6 債権譲渡

の請求に対して、AがBに対して有する債権との相殺を主張できるかという問題があります。

この問題については、それぞれの債権の弁済期の先後を基準にすべきかどうかという議論があり、債務者Aは、譲渡人Bに対して有する債権の弁済期の先後を問わずに譲受人Cに相殺を主張できるとする無制限説と、債務者Aは、譲渡人Bに対して有する債権の弁済期が、Bから譲受人Cに債権譲渡された債権より先に弁済期が到来する場合に限り、Cに相殺を主張できるとする制限説とが対立していました（なお、差押えと相殺の優劣についても同様の議論があり、この問題に関して、最大判昭和45年6月24日民集24巻6号587頁では、弁済期の先後を問わずに相殺の主張を認める無制限説が採用されました）。

この対立について、改正民法では、無制限説を採用することを明確にし、債務者が、債権譲渡の対抗要件が具備される前に取得した譲渡人に対する債権であれば相殺を譲受人に対抗することができるものと規定しました（改民469Ⅰ）。そのため、AがBに対して有する債権の弁済期の先後は相殺の可否に影響を与えず、Cが譲り受けた債権について対抗要件を具備する前に、AがBに対して有している債権であれば、AがCに対して相殺を対抗できることが明らかとなりました。

また、債務者対抗要件の具備時より前の原因に基づいて生じた債権による相殺も認められます（改民469Ⅱ①）。たとえば、債務者が譲受人から譲渡債権について履行請求を受けた場合に、債務者対抗要件具備時よりも前に譲渡人からされた不法行為に基づく損害賠償請求権による相殺を主張することが認められます。

さらに、債権譲渡特有のルールとして、債権譲渡を行う債権の発生原因である契約に基づいて、譲渡人に対して債権が生じた場合、この債権による相殺も認めることとなりました（改民469Ⅱ②）。この規定は相殺の期待利益が保護される局面を拡張したものとされています。

たとえば、将来発生する請負報酬債権が譲渡された後に当該請負報酬債権を発生させる請負契約が締結されたという場合において、請負の目的物

第2章　民法改正と取引基本契約

の不適合を理由とする修理の請求の代わりに損害賠償請求権が発生した場合にも、当該損害賠償請求権によっても相殺の主張ができるということになります。ただし、「債権の発生原因である契約」（改民469Ⅱ②）の内容については、単に同一の契約書に定められているだけでは、かならずしも該当するとはいえないとの議論もあるため、どのような契約がこれにあたるかについては今後の議論を待つ必要があります。

一方で、債務者に対する対抗要件が具備された後に、他人から取得した譲渡人に対する債権については、相殺は認められません（改民469Ⅱただし書）。

Ⅱ　取引基本契約に与える影響

現行民法上は、債権譲渡は自由に行えるのが原則です。しかし、債権が自由に譲渡できるとなると、債務者が真の債権者を確知することができず、二重払いのリスクを負う危険があるため、取引基本契約においては、契約によって生じた債権について無断で譲渡することを禁止する規定が置いてあることが一般的といえます。民法改正では、債権譲渡が自由であり、譲渡制限特約が付されている場合であっても、債権譲渡が原則有効であることが明文化されました。

そして、債権譲渡に関連して、将来債権譲渡に関する従前の取扱いを明文化したり、供託に関する取扱いの変更や異議なき承諾の制度の廃止等も行われました。

これらの債権譲渡に関する改正は、基本取引に大きな影響を与えるものではありませんが、譲渡制限特約が付されていても債権譲渡を原則有効とすることが明文化されたため、一般的に取引基本契約で定められている債権譲渡を制限する旨の定めと民法改正の関係は問題となります。

これに関しては、譲渡制限特約を付することにより、譲渡制限特約について悪意重過失の譲受人との関係では、債務の履行を拒絶し、譲渡人に弁済することも可能となります。また、悪意重過失ではない譲受人との関係

64

においても、供託をすることが可能となります。したがって、当該譲渡制限特約を付することは、弁済の相手方を固定する目的からすれば意義があります。

　一方、かかる譲渡制限特約が付されている場合に、取引基本契約違反として解除できるかについては、争いのありうるところです。この点、法務省民事局の「民法（債権関係）の改正に関する説明資料——主な改正事項」（2017年11月2日、2017年12月15日更新）26頁では、①譲渡制限特約が弁済の相手方を固定する目的でなされたときは、債権譲渡はかならずしも特約の趣旨に反しないとみることができ、そもそも契約違反（債務不履行）にならない、②債権譲渡がされても債務者にとって特段の不利益がなければ、取引の打切りや解除を行うことは、きわめて合理性に乏しく、権利濫用等にあたりうる、とされています。

　なお、今回の債権譲渡に関する改正については、改正民法の施行日前に債権の譲渡原因である法律行為がなされた場合には、現行民法が適用されることとされています（改民附則22）。

コラム：預貯金債権に関する特則

　預金口座や貯金口座に関する債権については、譲渡制限特約について悪意または重過失により知らなかった譲受人に対して譲渡制限特約を対抗できるとの定めが置かれました（改民466の5Ⅰ）。

　これは金融機関が多数の預貯金を迅速に処理することが必要であることに配慮した規定で、この前提には預貯金に対しては譲渡制限特約が付されていることが周知のものであるという判例法理があるとされています。

　ただし、この規定を差押債権者に対しても認めると預貯金債権に対する強制執行が認められないという結論になるため、強制執行を行った差押債権者に対しては適用されないということも明記されました（改民466の5Ⅱ）。

コラム：債権譲渡登記への対抗要件の一元化の見送り

　現行民法では、債権譲渡の第三者に対する対抗要件は民法上の対抗要件（民法467条に定める確定日付のある証書による債務者への通知、または債務者

第2章　民法改正と取引基本契約

の承諾）と債権譲渡登記の2つの制度が併存しており、改正民法においても同様の扱いとなりました。

　民法改正の検討段階においては、債権譲渡の第三者に対する対抗要件について、債権譲渡登記に一元化するという議論もありました。

　それは、民法上の対抗要件は、債務者の認識が第三者に表示されることを期待した制度ですが、債務者に照会義務があるわけでもなく、常に真実の回答をしなければならないわけでもないという問題もありますし、実務上も債権を譲り受けようとする者が債権譲渡に先立って債務者に確認をしようとしてすることを譲渡人から拒絶されるということが多くあるため、制度として十分に機能していないという指摘もありました。

　また、民法上求められる確定日付は、通知や承諾の日付にあればよく、到達の日については確定日付は不要とされているため、確定日付を要求する意義も乏しいとの指摘や債権譲渡に関与していない債務者が、通知の到達や承諾の時点の先後を正確に把握したうえで弁済しなければならないという負担を負わせることが不合理との指摘もありました。

　さらには、対抗要件の公示機能としても不十分という指摘もありました。

　そのため、対抗要件制度について、客観的に把握可能な債権譲渡登記制度に一元化すべきとの議論もありました。

　しかし、その一方で、民法上の対抗要件については、簡易かつ安価に対抗要件を具備できるという評価や債務者の承諾を用いることで、譲渡禁止特約付債権の譲渡の承諾や抗弁の切断のための承諾も兼ねることができるという評価や債務者に情報が集まることによって法的安定性が図られるという利点に対する評価もありました。

　また、民法上の対抗要件制度が債務者に負担を課していることを認めながらも債務者の供託事由を拡張することによって対応すればよいという意見もあり、最終的には、供託事由については一部拡張される一方で、債権譲渡の対抗要件制度については、現状のままと2つの制度の併存というかたちに落ち着きました。

7 相　殺

I　改正のポイント

1　相殺禁止の意思表示

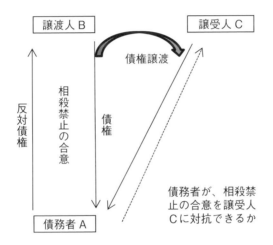

　現行民法では、相殺禁止特約を認める一方で、そのことについて知らなかった善意の第三者には対抗できないと定めていました（現民505Ⅱ）。

　これに対して改正民法では、相殺禁止特約を対抗できる範囲を相殺禁止の合意がなされていることについて知っている悪意の者または重大な過失によって知らなかった者としました（改民505Ⅱ）。これは、相殺禁止の効力を第三者に対抗するということが、債権が本来有する効力を第三者に対抗するという点で債権譲渡と趣旨を同じくするということから、債権譲渡の制限特約との均衡をとった改正です。

　たとえば、債務者Aと譲渡人Bの間で取引基本契約を交わし、当該取引

から生じる債権について相殺することを禁止する旨定めていた場合、当該債権を譲り受けたＣが当該債権とＡがＣに対して有する債権との相殺を主張できるかどうかは、当該取引基本契約の定めを知っているかどうか、知らなかったとしても重大な過失がなかったかどうかがポイントとなります。

なお、債権譲渡に関する裁判例では、銀行預金債権が、譲渡禁止特約があるにもかかわらず譲渡されたという事案において、銀行預金債権については、譲渡禁止の特約があることは周知の事実であり、これを知らないことには重大な過失があったと判断したものがありますが（最判昭和48年7月19日民集27巻7号823頁）、相殺禁止の合意の場合に、どのような場合に重大な過失によって相殺禁止の合意について知らなかったと判断されるかについては、今後の議論の状況を見守る必要があります。

2 不法行為債権等を受働債権とする相殺の禁止

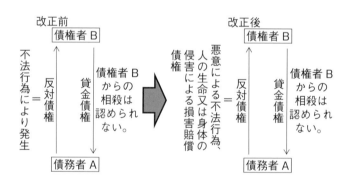

現行民法では、不法行為によって生じた債務全般について受働債権として相殺することを禁止していました（現民509）。これは、不法行為の被害者に現実に弁済を受けさせることで被害者の保護を図ろうという趣旨に基づくものです。しかし、不法行為による損害といっても、物の損壊だけのものから人の身体や生命に対する損害まで幅が広いため、そのすべてを一律に扱うことがよいのかという問題意識がありました。

7 相 殺

そこで、改正民法では、悪意による不法行為に基づく損害賠償債務と人の生命または身体の侵害による損害賠償債務（安全配慮義務違反による債務不履行に基づく損害賠償債務を含むため、不法行為責任に限定されません）については、相殺をもって対抗することができないものとしました（改民509本文）。ただし、例外的に、債権者がその債権を他人から譲り受けたものであるときは、相殺によって債権者に対抗することができるものとされています（改民509ただし書）。

たとえば、上記の図を使用して説明すると、債務者Aが不法行為によって生じた損害賠償請求権を債権者Bに対して有している場合、Aに対して貸金債権を有する債権者Bは、AがBに対して有する損害賠償請求権の内容のいかんにかかわらず、BがAに対して有する債権との相殺を主張することはできませんでした。

それが今回の改正によって、AがBに対して有する債権が、物の損壊による損害賠償請求のように人の生命や身体に関係しない損害であった場合については、BはAに対して相殺を主張することができるようになります。

一方、Aが有する債権が治療費のように身体への侵害に関するものである場合には、従前どおり、Bは相殺を主張することはできません。

なお、この規定は、あくまで受働債権が不法行為によって生じた場合の規定ですので、Aが、Bに対して相殺を主張する場合には、BがAに対して有する債権の内容が上述の不法行為等に関するものでない限り、相殺は制限されません。

そのため、たとえば、取引関係にある債権者Bと債務者Aがいる場合、Bが商品の配送中にAの倉庫内の備品を壊してしまい、賠償しなければならなくなった場合、これまではBがAに対して負っている債務が不法行為に基づく損害賠償債務となるため、Bが当該損害賠償債務とBがAに対して有する債権を相殺するためには、Aとの間で相殺に関する合意をする必要がありましたが、改正後は物の損壊のみにとどまる場合には、Bの意思表示のみで相殺を主張することが可能となりました。

3 支払の差止めを受けた債権を受働債権とする相殺

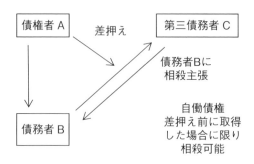

　現行民法では、支払の差止めを受けた第三債務者は、その後に取得した債権による相殺をもって差押債権者に対抗できないと定めています（現民511）。
　この規定の解釈として最高裁（最大判昭和45年6月24日民集24巻6号587頁）は、たとえば、債権者Aが債務者Bに対する執行として、債務者Bが第三債務者Cに対して有する債権を差し押さえた場合に、第三債務者Cが、債務者Bに対して債権を有している場合には、弁済期の先後を問わず、Cの相殺を認めています（無制限説）。一方で、第三債務者Cが債務者Bに対する債権を債権者Aによる差押え後に取得した場合であれば、相殺は認められません。
　そこで、改正民法は、この判例法理を採用して、差押えを受けた第三債務者は、差押え後に取得した債権による相殺は対抗できないが、差押え前に取得した債権による相殺は対抗できるものとし、これまでの判例法理を明文化しました（改民511Ⅰ）。
　たとえば、上記の図でいうと、債務者Bと第三債務者Cの間で取引関係があり、BがCに対して債権を有している場合に、Bに対して債権を有するAが、BのCに対する債権について差押えを行ってきた場合、CがBに対する債権を、Aが差押えを行う前から有していた場合には、Aに差押えをされてもBに対する相殺を主張することができます。

7 相　殺

　また、差押え後に取得した債権が差押え前の原因に基づいて生じたもの
であるときは、第三債務者はその債権による相殺を対抗できる（ただし、第
三債務者が差押え後に他人の債権を取得した場合は除きます）こととされま
した（改民 511 II）。たとえば、差押え前に委託を受けた保証人が、差押え
後に保証債務を履行して事後求償権を取得し、その事後求償権を自働債権
として相殺する場合等がこれにあたります。

　これは、倒産手続においては、倒産手続の開始決定時には具体的に発生
していない破産債権であっても、倒産手続開始の申立てその他の事由が生
じたことを知る前の原因に基づいて発生したものであれば、破産債権者は、
この債権を自働債権として相殺の主張ができるため（破 67）、この規定との
整合性をとるために改正されたものです。

4　相殺の充当

　相殺の充当については、現行民法でも準用の定めを設け、判例法理もあ
りましたが、この判例法理を基本に相殺の充当に関する条文が新設されま
した（改民 512）。

　まず、複数の債権が対立関係にある場合に、相殺をする債権者が有する
債権の債権額が不足していることによって、債務者に対して負担する債務
の全部を消滅させることができない場合で、相殺の充当に関して当時者間
の合意がないときには、相殺できる関係になった順序に従って相殺充当さ
れます（改民 512 I）。

　次に、このルールによっても、相殺できる関係になった時期が同じ債務
が複数あるときについては、改正民法 488 条 4 項 2 号から 4 号（現民 489
②～④）および改正民法 489 条（現民 491）を準用することとなりました（改
民 512 II）。

　すなわち、まず、弁済期が到来しているものと弁済期が到来していない
ものとがある場合には、弁済期が到来しているものから先に充当します（改
民 488 IV①）。

　次に、すべての債務について弁済期が到来している、または到来してい

71

第2章　民法改正と取引基本契約

ない場合については、債務者にとって弁済の利益が多いものから先に充当します（改民 488 Ⅳ②）。

そして、債務者にとって弁済の利益が等しい場合には、弁済期が先に到来したもの、または先に到来することになるものについて充当します（改民 488 Ⅳ③）。

債務者が元本のほか、利息や費用を支払う必要がある場合には、費用、利息、元本の順に充当します（改民 489）。

この相殺の充当に関するルールは、相殺を行う債権者が有する債権が、債務者に対して負担する債務を全部消滅できなかった場合のルールですが、逆の場合、すなわち、相殺をする債権者が債務者に対して負担している債務が、債権者が有する債権の全部を消滅させられない場合の処理についても同様の充当をすることを定めています（改民 512 Ⅲ）。

そのため、取引先との間で相殺を行った場合には、取引基本契約書に充当に関する定めがなければ、この規定に従って充当されることとなります。

Ⅱ　取引基本契約に与える影響

相殺に関する改正については、取引基本契約上では、特にあらたな対応を要する事項はないと考えられます。ただし、相殺については、弁済期が到来していないと相殺できないため、従前からも、一定の事由が発生した場合に期限の利益の喪失条項を入れたり、弁済期にあるか否かを問わずに相殺を認める条項を入れるなどの対応をしていましたが、改正後も同様の対応が続くものと考えられます。

8 売 買

I 前提——瑕疵担保責任の法的性質

現行民法560条から572条には、売買契約における売主の担保責任が規定されています。このうち、現行民法570条は、売主の瑕疵担保責任として、売買の目的物に隠れた瑕疵があった場合に、買主に解除や損害賠償請求を認めています。この担保責任、特に瑕疵担保責任について、売主は債務不履行にあたるのか否かなど、法的性質について争いがありました。具体的には、主に①法定責任説と②契約責任説です。

①法定責任説は、以下のような考え方です。特定物の売買においては、当該特定物の給付が債務の内容であり、瑕疵のない特定物の給付までは債務の内容ではない（この世に1点しかない陶芸品が売買契約当時一部破損していた場合、破損していない当該陶芸品は存在しません。特定物のドグマといわれます）と解したうえで（特定物のドグマを前提とせず、原始的一部不能であり、契約中のその部分の合意が無効となるという考え方もあります）、瑕疵担保責任は、有償契約の対価的均衡から、特定物売買において法律が特別に認めた責任であると説明されます。

一方、②契約責任説は、特定物の売買の目的物に瑕疵があった場合であっても債務不履行となりうるとしたうえで、瑕疵担保責任は特定物・不特定物の売買を問わず、債務不履行責任の特則であると説明されます。

判例は、①を基本としつつも、不特定物であっても瑕疵担保責任が認められる場合を認め、①を一部修正しています。

また、現行民法570条は、「隠れた」瑕疵との要件が規定されており、買主が瑕疵について善意無過失であることを求めています。

さらに、この瑕疵担保責任による解除や損害賠償請求は、瑕疵を知った

73

第2章　民法改正と取引基本契約

時から1年以内にしなければならないとされています（現民570、566Ⅲ）。当該請求権は債権ですので、引渡しから10年の消滅時効に服します（現民167Ⅰ）。これらの現行民法の担保責任の規定は任意規定ですので、特約により排除することが可能です。

　一方、商人間の売買については、商法による特則があります。具体的には、商人間の売買において、買主は、特定物売買、不特定物売買いずれであっても、その売買の目的物を受領したときは、遅滞なく、その物を検査しなければならない（検査義務、商526Ⅰ）、検査により売買の目的物に瑕疵があることまたはその数量に不足があることを発見したときは、ただちに売主に対してその旨の通知を発しなければ解除、損害賠償請求等の請求ができない（通知義務、商526Ⅱ前段）、売買の目的物にただちに発見することのできない瑕疵がある場合においては、買主が6か月以内にその瑕疵を発見した場合に限り、解除、損害賠償請求等ができる（商526Ⅱ後段）、とされています。もっとも、これらの商法の規定も任意規定のため、特約により排除することが可能です。

　取引基本契約を締結するようなBtoBの取引においては、特約が定められていることが一般的かとは思いますが、契約書の内容と改正民法、商法の規定の照らし合わせが必要となります。

Ⅱ　改正のポイント

1　総　論
(1)　隠れた瑕疵から契約不適合へ、特定物か不特定物かを問わない

　改正民法においては、「引き渡された目的物が種類、品質又は数量に関して契約の内容に適合しないものであるとき」は、買主は売主に対して履行の追完の請求ができると定めており（改民562Ⅰ）、契約責任説の立場に立つことを明らかにしています。従前の瑕疵の概念は、契約不適合という概念に置き換わっています。また、契約責任説を採用することにより、売買の目的物が特定物か不特定物かを問わないことになりました。

8 売 買

　この契約不適合の概念は、現行民法における瑕疵の概念が明確化された
ものとされています。

(2) 「隠れた」要件の削除

　改正民法における担保責任においては「隠れた」という要件がなくなっ
ています。この「隠れた」とは、瑕疵の存在についての買主の善意無過失
を意味するとされてきましたが、売主が引き渡した目的物が契約に適合し
ないにもかかわらず買主に過失があることのみをもって救済を一律に否定
することは適切ではなく、むしろ、目的物に存する欠陥等がどこまで売買
契約に織り込まれていたかを契約の趣旨をふまえて判断すべきであること
から、「隠れた」という要件を設けないものとされました（中間試案補足説
明 404、407 頁）。

(3) 担保責任の追及方法

　担保責任を追及するには、契約不適合を知った時から 1 年以内に契約不
適合の事実を通知することになりました（改民 566）。現行民法でも、担保
責任に関して契約の解除や損害賠償の請求は、買主が事実を知った時から
1 年以内にしなければならないとされており（現民 566 Ⅲ）、判例はこれを
除斥期間としたうえで、「売主の担保責任を問う意思を裁判外で明確に告
げることをもって足り、裁判上の権利行使をするまでの必要はない」、「少
なくとも、売主に対し、具体的に瑕疵の内容とそれに基づく損害賠償請求
をする旨を表明し、請求する損害額の算定の根拠を示すなどして、売主の
担保責任を問う意思を明確に告げる必要がある。」と判示していました（最
判平成 4 年 10 月 20 日民集 46 巻 7 号 1129 頁）。しかし、買主にとって、1 年も
の短期間にこのような意思を明確に告げるということは過重な負担になっ
ているという指摘をふまえて、契約不適合の事実の通知に軽減されました。
なお、「通知」は、細目にわたるまでの必要はないものの、不適合の内容を
把握することが可能な程度に、不適合の種類・範囲を伝えることを想定し
ている、とされています（一問一答 285 頁）。

第2章　民法改正と取引基本契約

2　買主の追完請求権（売主の追完義務）

　追完請求権は、法定責任説においては、特定物売買の場合は請求ができず、不特定物売買の場合のみ可能と解し、契約責任説においては、特定物売買、不特定物売買いずれの場合でも可能と解していましたが、上述のとおり、改正民法は契約責任説の立場をとり、特定物売買、不特定物売買にかかわらず、引き渡された目的物が契約不適合であれば、追完の請求ができるとしています（改民562 I）。具体的には、引き渡された目的物が種類、品質または数量に関して契約の内容に適合しないものであるときは、買主は、売主に対し、目的物の修補、代替物の引渡し、不足分の引渡しによる履行の追完を請求することができます。複数の手段が考えられる場合、買主が選択できますが、売主は、買主に不相当な負担を課すものではないときは、買主が請求した方法と異なる方法による履行の追完をすることができます（改民562 I）。また、契約不適合が買主の責めに帰すべき事由によるものであるときは、買主は、追完請求権を行使できません（改民562 II）。

3　買主の代金減額請求権

　現行民法上、代金減額請求権は、数量不足の場合のみ規定されていて、目的物に瑕疵がある場合については規定されていません。しかし、売買契約のような有償契約において、対価関係のある債権債務の等価的均衡を維持する必要性があることには異論がないと考えられるため、代金減額請求権が規定されることになりました（改民563 I）。

　代金減額請求権の行使が認められるのは、契約不適合がある場合で、買主が相当の期間を定めて履行の追完の催告をし、その期間内に履行の追完がないときです。買主の側で不適合の追完をする利益への配慮の観点から、このような要件とされています。

　しかし、①履行の追完が不能であるとき、②売主が履行の追完を拒絶する意思を明確に表示したとき、③契約の性質または当事者の意思表示により、特定の日時または一定の期間内に履行をしなければ契約をした目的を達することができない場合において、売主が履行の追完をしないでその時

期を経過したとき、④買主が前項の催告をしても履行の追完を受ける見込みがないことが明らかであるときには、買主は催告なく、ただちに代金減額請求を行使できます（改民563Ⅱ）。

また、追完請求権の行使と同じく、契約不適合が買主の責めに帰すべき事由によるものであるときは、買主は、代金減額請求権を行使できません（改民563Ⅲ）。

代金減額請求権は形成権であり、買主による一方的な意思表示で効力が生じます。

4　買主の損害賠償請求および解除権の行使

改正民法は、担保責任について契約責任説の立場をとったことから、契約不適合である目的物を履行した売主は、債務不履行となります。この場合、債務不履行の一般原則が適用されることになり、具体的には、買主は、売主に対し、損害賠償請求や解除権を行使することができます（改民564）。ただし、代金減額請求権を現に行使した後は、これと両立しない損害賠償の請求や解除権の行使をすることはできません（一問一答279頁（注））。

現行民法において、法定責任説の立場を前提とすれば、損害賠償は信頼利益の賠償しか認められない、と解釈されていましたが、改正民法は契約責任説の立場をとり、債務不履行の一般原則が適用されるため、履行利益の賠償が認められることになります。

5　移転した権利が契約の目的に適合しない場合における売主の責任

売主が買主に移転した権利が契約不適合である場合（権利の一部が他人に属する場合においてその権利の一部を移転しないときを含みます）にも、買主の追完請求、代金減額請求、損害賠償請求、解除が認められます（改民565）。移転した権利が契約不適合である場合とは、たとえば、借地上の建物を購入した場合に、あるはずであった土地の賃借権あるいは地上権がなかった場合等です。

第2章　民法改正と取引基本契約

6　目的物の種類または品質に関する担保責任の期間の制限

　現行民法では、瑕疵担保責任に基づく権利制限、数量不足、一部滅失に基づく権利行使については、事実を知った時から1年以内にしなければなりません（現民564、565、570、566Ⅲ）。また、判例は、物を引き渡した時を起算点として、10年の消滅時効（現民167Ⅰ）に服するとしています（最判平成13年11月27日民集55巻6号1311頁）。さらに、上述のとおり、売主の担保責任を問う意思を明確に告げる必要がありました。

　改正民法は、買主が種類または品質に関して契約不適合であることを知った時から1年以内の契約不適合の事実の通知に軽減されました。しかし、売主が契約不適合について悪意または重過失であったときは、かかる1年の期間制限は適用されません。

　一方、債権の消滅時効に関する一般準則の適用は排除されません。客観的起算点（引渡時）から10年、主観的起算点（買主が契約不適合を知った時）から5年の消滅時効が適用されます（改民166Ⅰ）。

　さらに、1年の期間制限は種類または品質に関する契約不適合の場合であり、数量に関する契約不適合や権利に関する契約不適合の場合には、1年の短期の期間制限はなく、債権の消滅時効に関する一般準則が適用されます。この点、現行民法では、数量指示売買には1年の期間制限がある一方、不特定物売買には特別の期間制限がありません。しかし、特定物売買、不特定物売買に限らず、性状に関する契約不適合の場合と異なり、数量不足は外形上明白であり、売主が履行を終了したと期待することは考えがたく、買主の権利に期間制限を適用してまで売主を保護する必要性は乏しいことや、期間の経過により瑕疵の有無の判断が困難となり、法律関係を早期に安定すべきという趣旨も妥当しないため、かかる短期の期間制限を適用しないとされました（部会資料75A・24頁以下参照）。

7　目的物の滅失等についての危険の移転

　売主が買主に売買の目的物（種類物の場合は売買の目的物として特定されていることが必要）を引き渡した場合に、目的物の滅失等についての危険が

8 売 買

買主に移転する旨の規定が設けられました（改民 567 Ⅰ）。危険が移転するというのは、目的物が当事者双方の責めに帰することができない事由によって滅失、損傷したときであっても、買主はその滅失、損傷を理由としては、履行追完請求、代金減額請求、損害賠償請求、解除をすることができない（買主が負担する）、また、代金の支払を拒むこともできない、ということです。仮に目的物について契約不適合があった場合に、契約不適合を理由として責任を追及することは可能です。

　また、買主の受領遅滞後に当事者双方の責めに帰することができない事由によって滅失、損傷したときも、同様とされました（改民 567 Ⅱ）。

8　担保責任を負わない旨の特約

　担保責任の規定は任意規定ですが、売主が担保責任を負わない旨の特約をしたときであっても、知りながら告げなかった事実およびみずから第三者のために設定しまたは第三者に譲り渡した権利については、その責任を免れることができない、とされました（改民 572）。この点は現行民法と変わるものではありません。

Ⅲ　取引基本契約に与える影響

　実質的な概念に変更はありませんが、瑕疵概念が契約不適合概念に置き換わっているため、取引基本契約においても用語の改訂をしたほうがよいでしょう。

　また、改正民法における担保責任の規定も任意規定であり、一般的な取引基本契約においては、特則を設けているか、特別法としての商法の規定と同様の規定を置いていることからすれば、特段、改訂をしなければ、担保責任については民法改正前後で変更がないことになります。

　もっとも、買主において、担保責任を問う場合に契約不適合の事実の通知に軽減されている恩恵を受けるためには、担保責任追及に関する規定がない場合は格別、そうでない場合は取引基本契約の文言を改訂する必要が

第2章　民法改正と取引基本契約

ある場合が多いでしょう。

　さらに、担保責任追及の方法として、追完請求権、代金減額請求権が規定されることとなりましたので、取引基本契約上も、それらを排除する趣旨ではないことを明確化するうえでも、当該規定を入れておくことが考えられます。

9 その他

I 消滅時効

1 はじめに
(1) 消滅時効が問題となる場合
　売主は買主との間で取引基本契約を締結して継続的な取引を行っていましたが、ある時、6年前の個別取引に関し、代金の回収もれがあることに気づきました。売主は、6年前の個別取引に基づく代金の支払を買主に求めることができるでしょうか。逆に、買主は、売主からそのような請求を受けた場合に、6年前もの取引に基づく代金を支払わなければならないでしょうか。このような場面で問題となるのが「消滅時効」です。今回の民法改正では、消滅時効に関し、どのような改正がなされたのでしょうか。

(2) 改正民法のポイント
ア　消滅時効期間
　現行民法では、職業別に短期消滅時効が定められていましたが、対象となる債権の選別を合理的に説明することが困難であるうえ、実務的にもどの区分の時効期間が適用されるのかをめぐって煩雑な判断を強いられるなどの問題があったことから、改正民法では職業別の短期消滅時効が廃止されました。

　しかしながら、債権の消滅時効における原則的な時効期間と起算点を単純に維持した場合には、多くの事例において時効期間が長期化することから、改正民法では、民事・商事を問わず、5年の短期消滅時効が定められました。そして、比較的短期の時効期間によって債権者の権利行使が否定されることを正当化するためには、債権者に権利行使の機会が実質的に保障されていたといえることが必要であるという考え方から、起算点を含め、

第2章　民法改正と取引基本契約

消滅時効期間が原則として次のように定められました。

①　債権者が権利を行使することができることを知った時から5年

②　権利を行使することができる時から10年

イ　時効の完成猶予と更新

現行民法下で「中断」、「停止」とされていた概念が、「更新」、「完成猶予」という概念に変更・整理されました。これまでは「中断」とされていた事由が「完成猶予」（現行民法下における「停止」に相当します）に変更されるなど、時効障害の根拠に応じた整理がなされました。

ウ　協議による時効の完成猶予

あらたに、現行民法では存在していなかった「協議による時効の完成猶予」が認められることとなりました。

2　消滅時効期間
(1)　改正民法の内容

現行民法166条1項は、「権利を行使することができる時から」消滅時効が進行すると規定していましたが、改正民法166条1項は、消滅時効の起算点として、次の2つを定めました。

①　債権者が権利を行使することができることを知った時（主観的起算点）

②　権利を行使することができる時（客観的起算点）

そして、現行民法下では、10年の民事消滅時効（現民167）と、5年の商事消滅時効（現商522）が定められていましたが、この区別は廃止され改正民法は、一律に、主観的起算点から5年、客観的起算点から10年の消滅時効期間を定めました。いずれか早いほうの経過によって、消滅時効が完成することとなります。

取引基本契約は商行為に関して締結されることが多いかと思われますので、商事消滅時効を廃止した本改正については、十分に理解する必要があるといえます。

82

9 その他

(2) 主観的起算点

　主観的起算点である「権利者が権利を行使することができることを知った時」とは、「権利を行使することができること及び債務者を知った時」を意味するとされています。そして、「権利を行使することができること及び債務者を知った時」とは、債務者に対する権利行使が事実上可能な状況のもとにおいて、債権者がその請求が可能な程度にこれを知った時を意味するとされます。ただし、たとえば、取引基本契約上の債務不履行を理由とする損害賠償請求権については、当該損害賠償請求訴訟を提起して、勝訴することができるまでの認識は不要です。

　また、取引から生じた債権のうち、取引基本契約における売買代金請求権のように、契約上の債権については、通常、債権者が「権利を行使することができる時」に権利行使の可能性を認識しているので、主観的起算点と債権者が「権利を行使することができる時」とは一致すると考えられます。現実に（たとえば健忘等で）売買代金請求権の履行期が到来したことを知らなくても、当該履行期が到来すれば、消滅時効期間は進行することになります。

(3) 客観的起算点

　客観的起算点の「権利を行使することができる時」という文言は、現行民法166条1項にも登場するものであり、同様の解釈となります。この点、現行民法下では、「権利を行使することができる時」という要件に関し、「権利行使について法律上の障害がなくなった時」とする見解と、「権利行使が事実上期待可能になった時」とする見解が対立しており、改正民法下でも、同様の解釈上の対立が引き継がれています。

　たとえば、弁済期の合意がなされている場合、前者の見解によると、弁済期が到来すれば、消滅時効期間が開始しますが、後者の見解によれば、弁済期が到来しても、権利行使が事実上期待可能でなければ消滅時効期間は開始しません。

(4) 時効の援用

　消滅時効期間については、上述のとおりの改正がなされましたが、時効

による債権消滅の効果は、単に消滅時効期間の経過とともに確定的に生じるものではありません。債権消滅の効果を確定的に生ぜしめるためには、消滅時効を「援用」することが必要であり（最判昭和61年3月17日民集40巻2号420頁）、この点は改正民法のもとでも同様です。

　ここで注意しなければならないのは、債務者が消滅時効完成後に債務の承認（4(3)参照）をした場合には、時効完成の事実を知らなかった場合でも、事後的にその債務についてその完成した消滅時効を援用することは許されないということです（最大判昭和41年4月20日民集20巻4号702頁）。たとえば、売買代金債権について時効期間が経過した後に、買主が売主に対して、売買代金の全部または一部を支払った場合には、買主は売買代金債権について消滅時効を援用することは許されないこととなります。なお、これは、買主が、承認の時において、時効完成の事実を知らなかったとしても同様です。

　もっとも、時効完成後に債務の承認をした場合でも、その時点から再び時効期間が進行することは妨げないとされています（最判昭和45年5月21日民集24巻5号393頁）。

　売主としては、時効の完成を防ぐために、個別契約に基づく債権が常々発生している場合に、買主がとある代金債務の履行を怠った場合において、買主が充当すべき債務を指定しない場合には、その後買主が支払ってきた代金を古い債務から順に充当していくことが考えられます（民488Ⅱ）。このようにすれば、古い債務のみが残って消滅時効をむかえるという心配が軽減されることとなります。

3　職業別の短期消滅時効の廃止

　現行民法下では、10年の民事消滅時効の特則として、職業別に5年よりも短い消滅時効が定められていました。特に、商品の継続的売買を内容とする取引基本契約の場合、売主の買主に対する売掛金債権の消滅時効期間は2年とされていました（現民173①）。

　しかし、時代の変化に伴って、現行民法の各条に列挙されたものに隣接

⑨ その他

する類型の職種等が生じたため、短期消滅時効期間の適用を受ける債権であるか否かを判断することが困難になってきたほか、現行民法170条〜174条に列挙されている債権とその他の債権との消滅時効期間の差異を合理的に説明することが困難になってきました。そこで、改正民法は、短期消滅時効を廃止することにしました。

これにより、上述の売掛金債権の消滅時効は、他の債権と同じく、主観的起算点から5年、客観的起算点から10年となりました。特に、生産者、卸売商人または小売商人が売却した産物または商品の代価にかかる債権（商品の売買を目的とする取引基本契約に基づく売掛金債権等）や、自己の技能を用い、注文を受けて、物を製作しまたは自己の仕事場で他人のために仕事をすることを業とする者の仕事に関する債権（材料の提供を受けて、物を製作する場合の売掛金債権等）は、現行民法下では、2年の消滅時効期間とされていましたが（現民173①②）、改正民法下では、5年に統一されることとなりましたので、注意が必要です。

なお、改正民法に対する衆議院および参議院の附帯決議によれば、「職業別の短期消滅時効等を廃止することに伴い、書面によらない契約により生じた少額債権に係る消滅時効について、本法施行後の状況を勘案し、必要に応じ対応を検討すること」とされています。

4 時効の完成猶予・更新

⑴ 改正民法の内容

以上のとおり、消滅時効期間の改正について説明しましたが、消滅時効期間の進行を止めることはできないのでしょうか。

現行民法では、消滅時効期間の進行を止める概念として、「中断」と「停止」というものが定められていました。時効期間の「中断」とは、これまで進行していた時効期間をリセットし、あらたに時効期間の進行を開始するというものですが、現行民法では、時効の完成が妨げられるという効力（現民153）と、それまで進行した時効がまったく効力を失い、あらたな時効が進行を始めるという効力（現民157）を、いずれも「中断」という同一

85

第2章　民法改正と取引基本契約

の用語で表現していたため、非常にわかりにくいものになっていました。そこで、改正民法では、両者の概念を区別し、それぞれの実質的な内容にあった表現を用いるべきであるとし、後者のそれまで進行した時効がまったく効力を失い、あらたな時効が進行を始めるという効力につき「更新」という概念にあらためました。これに対し、「停止」とは、前者の時効の完成が妨げられるという効力に該当するものであり、一定の期間、時効の完成を猶予することをいいます。しかしながら、「停止」という用語では、ある事由の発生により時効の進行が停止した後に、その事由の終了により残りの時効期間が再び進行するという誤解を生む可能性があるため、「完成猶予」という概念に変更されました（以上につき、部会資料69A・17頁）。

　そして、現行民法下で時効障害が生じる根拠として説かれているものとして、①当該事実が認められる場合には、債権者が権利行使の意思を明らかにしていると評価できるもの、および、②当該事実が認められる場合には、債権（権利）の存在について確証が得られたと評価できるものが存在するところ、改正民法では、①を完成猶予事由に振り分けるとともに、②を更新事由に振り分けました。このように、改正民法では、時効障害が生じる根拠にさかのぼって「更新」と「完成猶予」とを振り分けたことにより、現行民法のもとでは中断事由とされていたものが、改正民法のもとでは完成猶予事由に変更されている場合があります。

　下表にて、時効障害事由をそれぞれまとめましたが、特に現行民法下では中断事由とされていたものが、完成猶予事由に変更されているものについては注意が必要です。また、下表では、時効障害事由として「協議」というものが記載されていますが、こちらは改正民法においてあらたに設けられるに至ったものであり、(4)で詳しく説明します。

9 その他

【完成猶予事由】

改正民法	事由	現行民法	猶予期間
147 Ⅰ	裁判上の請求	中断	各事由が終了する（確定判決等によって権利が確定されることなく終了した場合は、その終了時から6か月を経過する）までの間。
	支払督促	中断	
	裁判上の和解、調停	中断	
	破産手続参加 再生手続参加 更生手続参加	中断	
148 Ⅰ	強制執行	中断^(※1)（差押えに関し）	各事由が終了する（申立ての取下げまたは法律の規定に従わないことによる取消しによって当該事由が終了した場合は、その終了の時から6か月を経過する）までの間。
	担保権の実行	不明確^(※2)	
	形式競売	不明確^(※2)	
	財産開示手続	不明確^(※2)	
149	仮差押え	中断	各事由が終了した時から6か月を経過するまでの間。
	仮処分	中断	
150	催告	中断	催告時から6か月を経過するまでの間。
151	協議	―	(4)参照。
161	天災その他避けることのできない事変	停止（2週間）	障害が消滅した時から3か月を経過するまでの間。

※1　現行民法では、「差押え」が時効中断事由となる旨定められていますが、差押えを経ない代替執行や間接強制等の強制執行が、時効中断事由になるか不明確でした。改正民法は、これらも完成猶予事由になることを明らかにしました（部会資料69A・18頁）。

第2章　民法改正と取引基本契約

※2　現行民法では、「差押え」という概念に、担保権の実行としての競売（民事
　　執行法1、181以下）や形式的競売（同法195）、財産開示手続（同法196以下）
　　が含まれるのか不明確でした。改正民法は、これらも完成猶予事由になるこ
　　とを明らかにしました（部会資料69A・18頁）。

【更新事由】

改正民法	事由	現行民法	内容
147 II	確定判決等による権利確定	中断	改正民法147条1項各号の事由が終了した時からあらたに進行。
148 II	改正民法148 I 各号の手続では満足に至らなかったこと	中断	改正民法148条1項各号の事由が終了した時からあらたに進行（申立ての取下げまたは法律の規定に従わないことによる取消しによって当該事由が終了した場合を除く）。
152	承認	中断	承認時からあらたに進行。

⑵　**催　告**

　現行民法153条は、「催告は、6箇月以内に、裁判上の請求、支払督促の
申立て、和解の申立て、民事調停法若しくは家事事件手続法による調停の
申立て、破産手続参加、再生手続参加、更生手続参加、差押え、仮差押え
又は仮処分をしなければ、時効の中断の効力を生じない。」と定めていまし
たが、改正民法では、「催告があったときは、その時から6箇月を経過する
までの間は、時効は、完成しない。」と定められることとなりました（改民
150 I）。すなわち、現行民法のもとでは、催告は、暫定的な時効中断事由
とされていましたが、改正民法のもとでは、催告単独で確定的に消滅時効
の完成を6か月猶予することができるようになりました。そのため、催告

後、訴訟提起等がなされない場合には、現行民法下では、当初の消滅時効の完成予定日に消滅時効が完成していたのに対し、改正民法のもとでは、催告による完成猶予期間が終了した時に消滅時効が完成することとなります。

　また、⑷のとおり、改正民法では、協議による時効の完成猶予があらたに定められたところ、権利に関する協議を行う合意が成立するまでの間に催告を行い、取り急ぎ消滅時効の完成を猶予させることが考えられます。

　もっとも、改正民法では、あらたに「催告によって時効の完成が猶予されている間にされた再度の催告は、前項の規定による時効の完成猶予の効力を有しない。」という規定が設けられました（改民150Ⅱ）。催告は、簡易な時効完成猶予事由になるので、いったん催告をすることで時効の完成が6か月間猶予された状況で、さらに催告をすることで時効の完成を猶予することができるのであれば、半永久的に時効の完成を猶予することができてしまいます。改正民法150条2項はそのような事態の発生を防止するために設けられたものであり、判例（大判大正8年6月30日民録25輯1200頁）の内容を明文化したものになります。

　催告をすることで時効の完成が猶予されたと考えて安心していると、6か月で時効が完成してしまうことになりますので、当該6か月間で解決の見込みがないのであれば、催告の時から6か月以内に訴訟の提起等をする必要がありますので注意が必要です（催告の時から6か月以内に訴訟を提起した場合には、訴えの提起時から裁判の確定まで時効の完成が猶予され（改民147Ⅰ①）、裁判確定時から、更新によりあらたに時効が進行することとなります（改民147Ⅱ））。

⑶　承　認

　時効障害事由である「承認」は、現行民法下では中断事由、改正民法では更新事由とされており、扱いに変わりはありません。

　もっとも、時効の利益を主張する者としては、「承認」について注意しておくことが必要です。「承認」とは、時効の利益を受ける当事者が時効によって権利を喪失する者に対し、その権利が存在することを知っている旨を表

第2章　民法改正と取引基本契約

示することを意味するところ（コンメンタール民法306頁）、売主が買主から債務不履行による損害賠償を求められ、執拗な催促に応じて、損害賠償債務を一部でも弁済してしまった場合には、債務を承認したものと認められ、時効が更新されてしまう（現行民法下では「中断される」）可能性があります（大判大正8年12月26日民録25輯2429頁）。買主として債務不履行の成否を争うこともももちろんですが、消滅時効の主張も可能となるよう、承認とならないように注意する必要があります。

(4)　協議による時効の完成猶予

先述のとおり、改正民法では、あらたに時効障害事由として「協議」というものが定められました。具体的には、当事者間で「権利に関する協議を行う」旨の合意を書面（電磁的記録を含みます）で行った場合に、消滅時効の完成が猶予されるというものです。

現行民法下では、当事者間において権利をめぐる争いを自発的に解決するために協議を継続していても、消滅時効期間の満了が差し迫った場合には、時効の完成を阻止するためにだけに、訴えを提起するなどの必要がありました。しかし、協議の継続中は、権利者が権利行使を怠っているとはいえず、また、義務者の側も、権利者が強硬な手段に出ることはないだろうと期待しているといえます。そこで、改正民法では、権利者が時効完成を阻止するためだけに時効中断の措置をとることを避けられるように、協議の継続中に時効の完成を猶予することにしました（部会資料69A・21頁）。

この協議による時効の完成猶予の猶予期間は、以下の①～③の時のいずれか早い時までとされています。

①　協議を行う旨の合意があった時から1年を経過した時
②　協議を行う旨の合意において当事者が協議を行う期間（1年に満たないものに限ります）を定めたときは、その期間を経過した時
③　当事者の一方から相手方に対して協議の続行を拒絶する旨の通知が書面でなされた時から6か月を経過した時

協議を行う旨の合意については期間を定めることができますが、以上のとおり、1年以上の期間を定めることはできません。この場合は、期間の定

めがないものとなり、①と③のいずれか早い時に猶予期間が終了します。

　また、この協議による時効の完成猶予は、これによる時効の完成が猶予されなかったとすれば時効期間が満了すべき時から通じて、最大5年まで認められます（改民151Ⅱ）。

　協議による時効の完成猶予は、上述のとおり、当事者間で権利をめぐる争いを自発的に解決しようとしている場合に有効なものです。特に、売買の目的物の種類または品質に関する担保責任（現行民法下における瑕疵担保責任）の消滅時効は1年とされており、一般的な消滅時効期間よりも短いことから、この協議による時効の完成猶予の制度を利用することが考えられます。ただし、「権利に関する協議を行う」旨の合意は、書面または電磁的記録によってなす必要があり、口頭の合意のみでは、時効の完成猶予事由とはなりませんので、留意が必要です。

Ⅱ　受領遅滞

1　受領遅滞が問題となる場合

　Aは、B社に対して原材料を販売し、B社と約束した期日に当該原材料をB社へ運搬したにもかかわらず、倉庫がいっぱいだからという理由で、B社から受取りを拒絶されました。Aは、仕方なく、当該原材料をみずからの倉庫に持ち帰り、B社に受け取ってもらえるまで保管することにしましたが、この場合、Aが当該原材料を保管するのに善管注意義務が要求されるのでしょうか。また、B社に受け取ってもらえるまでの当該原材料の保管料（倉庫料）や、のちに再度B社に搬入するための運搬費用等の増加費用については、B社に請求できるでしょうか。さらに、仮に、Aが倉庫で保管中に地震が発生し、当該原材料が滅失した場合、Aは当該原材料の代金を受け取ることができるでしょうか。

　このような場面で問題となるのが「受領遅滞」の効果です。現行民法では、債権者は……遅滞の責任を負う。」と規定するのみで、具体的な効果は明示していませんでした。では、改正民法では、受領遅滞の効果について、

第2章　民法改正と取引基本契約

どのような改正がなされたのでしょうか。

2　改正民法のポイント

　現行民法413条では、債権者が債務の履行を受けることを拒み、または
受けることができない場合（受領遅滞）の効果について、「債権者は……遅
滞の責任を負う。」と規定するのみで、具体的な効果は明示していませんで
した。

　現行民法下では、受領遅滞の効果として、①保管義務（現民400）の軽減、
②増加費用の債権者負担（民485ただし書参照）、③履行不能時の危険の移
転、④債務者の不履行責任の免除等があると一般に解されてきました（新
版注釈民法⑽Ⅰ509頁以下〔奥田昌道＝潮見佳男〕）。

　今般の改正では、受領遅滞の効果について、以下の3つの効果が具体的
に明示されることになりました。

　すなわち、1点目が、目的物保管についての債務者の注意義務が軽減さ
れ、善管注意義務（改民400）から、善管注意義務から軽減された「自己の
財産に対するのと同一の注意」をもって目的物を保管すれば足りるとされ
ることです（改民413Ⅰ）。

　2点目が、受領遅滞を理由として増加した費用を債権者が負担すること
です（改民413Ⅱ）。

　3点目が、受領遅滞中に生じた履行不能につき、「債権者の責めに帰すべ
き事由によるものとみなす」ことによって（改民413の2Ⅱ）、債権者が契
約を解除することができないこと（改民543）、および、反対給付の履行拒
絶ができないこと（改民536Ⅱ）が明示されること（部会資料83-2・11頁）
です。

　改正民法は、現行民法下で一般に認められていた解釈のうち、①保管義
務の軽減を413条1項で、②増加費用の債権者負担を413条2項で、③履
行不能時の危険移転を413条の2第2項（なお、売買契約については改民567
Ⅱを参照）で明文化したものといえます。

　また、現行民法下での解釈のうち、④債務者の不履行責任の免除につい

92

ては、受領遅滞の要件である弁済提供（現民 492）の効果であると一般に位置づけられていたところ（新版注釈民法⑽ I 522 頁以下〔奥田＝潮見〕。論点体系判例民法 4・40 頁）、改正民法においては、弁済提供の効果として、債務者の不履行責任の免除も明文化されることになりました（改民 492）。

なお、今般の改正においては、債権者が受領義務を負うか否かに関してなんら明示されていません。現行民法下での裁判例（下記**コラム**参照）におけるのと同様、契約その他の債権発生原因または信義則に基づいて個別に受領義務の有無が判断されるものと考えられます。

コラム：債権者の受領「義務」？

　学説のなかには、債権者による受領は債権者の「権利」であるのみならず、弁済の受領に協力すべき「義務」でもあると考える説があります。この説によれば、債権者の受領遅滞＝「受領義務違反」として、債務者からの契約の解除や損害賠償まで認めることができるという帰結になります。

　しかし、判例は基本的に債権者の受領義務を認めず、受領遅滞を理由とする解除や損害賠償を否定する立場をとってきました（大判大正 4 年 5 月 29 日民録 21 輯 858 頁、大判大正元年 12 月 11 日民録 18 輯 1025 頁、最判昭和 40 年 12 月 3 日民集 19 巻 9 号 2090 頁）。ただし、判例は、取引の特殊性やその他の事情を考慮して、信義則等を理由に受領義務を認める可能性も残しており（最判昭和 46 年 12 月 16 日民集 25 巻 9 号 1472 頁）、契約内容の認定次第では、債権者に受領義務が認められる立場をとっています。

3　改正の影響

　今般の改正によって示された受領遅滞の 3 つの具体的効果は、現行民法下においても実務および学説上認められていた解釈を明文化するものであり、今般の改正による実務への影響は少ないと考えられます。

第2章　民法改正と取引基本契約

Ⅲ　弁　済

1　預金または貯金の口座に対する払込みによる弁済（改民 477）

現行民法においては、預金口座等に振り込む方法にて行う弁済に関する
規定はありません。そのため、いつの時点で弁済の効力が生じるのかにつ
いてかならずしも明らかではないとの指摘がありました。

そこで、改正民法 477 条は、債権者の預金口座への振込みによって金銭
債務の履行をすることが許容されている場合に、振込みがされたときは、
「債権者がその預金又は貯金に係る債権の債務者に対してその払込みに係
る金額の払戻しを請求する権利を取得した時」に弁済の効力が生じると定
めました。なお、この権利を取得した時が具体的にいつかについては解釈
にゆだねられています。

2　特定物の現状による引渡し（改民 483）

現行民法 483 条は、特定物のドグマ（**8** Ⅰ 参照）の根拠の 1 つとされるこ
とがあったり、合意内容とは異なる性状で目的物を引き渡したとしても責
任を負わないという誤った解釈を導くおそれがあるなどと指摘されていま
した。

そこで、規定の削除が検討されましたが、売買以外の契約に基づき特定
物の引渡しをしなければならない場合や、不当利得返還請求権に基づき特
定物の引渡しをしなければならない場合には、同条の適用の余地があると
の指摘があったため、規定を残したうえで、「契約その他の債権の発生原因
及び取引上の社会通念に照らしてその引渡しをすべき時の品質を定めるこ
とができないとき」との限定が追加されました（改民 483）。

もっとも、取引基本契約においては、引き渡すべき特定物の品質（契約の
内容に適合した品質）が定められていれば改正民法 483 条の要件を満たしま
せん。また、仮に定められていなくても、売買契約において引き渡すべき
特定物の品質（契約の内容に適合した品質）について当事者間の合意の内容

94

を認定することができるという考え方を前提とすれば、「契約その他の債権の発生原因及び取引上の社会通念に照らしてその引渡しをすべき時の品質を定めること」ができるため、改正民法483条適用場面は実際上それほど広くないとされています（部会資料83-2・29頁）。

3　弁済の場所および時間（改民484）

　別段の意思表示がないときにおける弁済の場所についての規定は、現行民法においてもありますが（特定物の引渡しは債権発生の時にその物が存在した場所において、その他の弁済は債権者の現在の住所、現民484）、弁済の時間については現行民法には規定はなく、現行商法520条に規定がありました（「法令又は慣習により取引時間の定めがあるときは、その取引時間内」）。当該商法の定めは商取引に特有のものでもないため、改正民法484条2項は、この商法の規律を一般化し、現行商法520条は削除されました。

4　受取証書の交付請求（改民486）

　現行民法においても、弁済をした者は、受取証書の交付を請求できるとの規定がありますが（現民486）、この受取証書の交付請求権と債務の履行との関係について、同条は弁済が先履行であるように定められています。しかし、判例（大判昭和16年3月1日民集20巻163頁）・学説では、受取証書の交付は債務の履行と同時履行の関係にあると理解されているため、その点が明文化されました（改民486）。

5　取引基本契約に与える影響

　本項では、弁済に関する改正のうち、取引基本契約に関係しうるところをピックアップして説明しましたが、当該部分に関して、取引基本契約に与える影響は特段ありません。

第2章　民法改正と取引基本契約

Ⅳ　定型約款

1　定型約款規定の導入理由

　私たちが日常締結する契約のなかには、特に B to C の市場において、電気・ガス・水道等の受給契約、電車・バス・航空機等の旅客運送契約、保険契約等の事業者側であらかじめ契約内容を定めておいて、当該契約内容を修正することは想定されておらず、相手方は当該契約内容に同意して契約するか否かの選択肢のみを有する、いわゆる約款といわれるものが広く用いられていますが、現行民法においては、約款に関する明文の規定はありません。

　改正民法においては、約款の全体集合のなかから「定型約款」（定義については、2にて解説します）という概念を創設して、定型約款に関する規定を設けることとなりました。

　中間試案補足説明 365 頁においては、改正民法において約款に関する明文の規定を設ける理由について、以下のように説明しています。

　すなわち、まず、そもそもの約款の必要性として、「現代社会においては、大量の定型的取引を迅速かつ効率的に行うことが求められる場面が多い。これを実現するため、契約の一方当事者があらかじめ一定の契約条項を定めたいわゆる約款を準備して、個別の交渉を省き画一的な内容の契約を結ぶことが必要」である点を指摘します。次に、約款に関する明文の規定を設ける理由として、「民法の原則上、当事者の合意がない契約条項が拘束力を有することは本来ないため、このような約款に拘束力が認められるかどうかが明らかでない。そこで、約款を用いた取引の法的安定性を確保する」という点をあげています。

2　定型約款の定義

　改正民法 548 条の 2 において、定型約款は以下のとおり定義されることとなりました。

9 その他

> （改正民法 548 条の 2 ——定型約款の合意）
> 1　定型取引（ある特定の者が不特定多数の者を相手方として行う取引であって、その内容の全部又は一部が画一的であることがその双方にとって合理的なものをいう。以下同じ。）を行うことの合意（次条において「定型取引合意」という。）をした者は、次に掲げる場合には、定型約款（定型取引において、契約の内容とすることを目的としてその特定の者により準備された条項の総体をいう。以下同じ。）の個別の条項についても合意をしたものとみなす。
> 一　定型約款を契約の内容とする旨の合意をしたとき。
> 二　定型約款を準備した者（以下「定型約款準備者」という。）があらかじめその定型約款を契約の内容とする旨を相手方に表示していたとき。
> 2　（略）

改正民法 548 条の 2 第 1 項によると、定型約款の定義の要件は以下の 3 点となります。

① ある特定の者が不特定多数の者を相手方として行う取引であること

② 取引の内容の全部または一部が画一的であることがその双方にとって合理的なものであること

③ 定型取引において、契約の内容とすることを目的としてその特定の者により準備された条項の総体であること

要件①については、不特定多数の意味を明らかにする必要があります。もともと、民法改正の要綱仮案（案）の段階では、不特定多数は独立の要件ではなく、単なる例示とされておりました。しかし、その後、要綱案の原案の段階で、独立の要件との位置づけにあらためられました。その際の説明が不特定多数の意味を明らかにするのに参考になります。すなわち、労働契約が定型約款に該当しないことの説明として、労働契約は、通常は企業において契約書のひな型を準備しますが、相手方の個性に着目して締結するものであることから、不特定多数の者を相手方とする取引に該当しない、とされています（部会資料 86-2・1 頁、なお一問一答 243 頁も参照）。より端的に説明すれば、相手方の個性に着目するか否かが、不特定多数に該当

第2章　民法改正と取引基本契約

するか否かの判断要素となります。相手方の個性に着目するのであれば、不特定多数に該当せず、相手方の個性に着目しないのであれば、不特定多数に該当する、ということになります。そして、不特定多数に該当しなければ、定型約款の定義の要件①に該当しないことになります。

　要件②については、双方にとって合理的である必要があります。そのため、単なる交渉力の格差によって契約内容が画一的である場合には、相手方にとって合理的でない、とされています（部会資料86-2・1頁）。契約当事者間で交渉力の格差があり、一方当事者が準備した契約内容を相手方が受け入れざるをえないような場合は、当該相手方にとって、画一的であることは合理的ではない、と考えられていることになります。一方、取引通念上、画一的処理をすることが通常と認識されているような場合は、双方にとって合理的と考えてよいでしょう。この点は、たとえば、預金規定を自分の思うとおりに修正するよう銀行に対して要請するような預金契約者が通常想定されないことからも、イメージしやすいものと考えます。そして、双方にとって合理的でなければ、定型約款の定義の要件②に該当しないことになります。

　要件③については、契約の内容とすることを目的とする点の意味を明らかにする必要があります。契約の内容とすることを目的とするとは、「契約の内容を補充する」目的とされており（部会資料86-2・1頁）、仮に当事者の一方によってあらかじめ契約書案が用意されていたとしても、それがたたき台にすぎず、当事者双方が契約内容を十分に吟味するような場合は、契約内容をお互いに十分に認識することが前提であり、「契約の内容を補充する」目的があるとはいえない、とされています（部会資料83-2・38頁）。そして、「契約の内容を補充する」目的があるとはいえなければ、定型約款の定義の要件③に該当しないことになります。

3　取引基本契約の定型約款該当性

　では、取引基本契約は定型約款に該当するのでしょうか。

　この点、取引基本契約は、事業者間の契約となりますが、いかなる事業

⑨ その他

者でもよいので契約をする、ということは通常想定されず、相手方事業者の事業内容や信用力等を考慮し、適切な相手を選んで締結するものです。つまり、契約締結にあたり、相手方の個性に着目しているといえます（要件①）。

また、事業者間の契約に際しては、通常、一方当事者において契約書が準備されますが、それはあくまでもドラフトであり、相手方においてもその内容を確認して必要な修正等を要請するのが一般的です。したがって、相手方において、交渉力の格差により、一方当事者が準備した契約内容を相手方が受け入れざるをえないような場合は、当該相手方にとっては、画一的であることは合理的とはいえません（要件②）。

さらに、事業者間の契約に際しては、相手方においてもその内容を確認して必要な修正等を要請するのが一般的ですが、そのような場合には、当事者双方が契約の内容を十分に認識しているといえ、「契約の内容を補充する」目的があるとはいえません（要件③）。

以上より、取引基本契約は、定型約款該当性の判断の要件のいずれについても該当しないことから、定型約款には該当しないと考えられています（部会資料86-2・1頁、なお一問一答247頁も参照）。

なお、事業者間の契約といえども、たとえば、事業者間の電力やガスの受給契約等のように定型約款に該当すると考えられる契約も存在しうる点は、留意する必要があります（その他の例としては、一問一答247頁注2参照）。

第3章
取引基本契約書

本章では、取引基本契約書の条項の具体例をあげたうえで、各条項に関してポイントやその他の留意事項を説明します。なお、本書ではわかりやすさを重視して、当事者に関しては、甲、乙とせず、売主、買主としています。
　以下、とくに断りのないかぎり条文番号は本取引基本契約書の条項案を指します。

1 目　的

Ⅰ　条項案

第1条（目的）
　買主及び売主は、○○を目的として本契約を締結し、各々、信義誠実の原則に従って、本契約及び個別契約に基づく権利を行使し、義務を履行するものとする。

Ⅱ　条項作成上のポイント

1　目的条項の規定

　本書が対象としている取引基本契約書にかかわらず、契約書の1条には、その契約の「目的」についての条項が置かれることが少なくありません（以下「目的条項」といいます）。また、目的条項には、当該契約の「目的」それ自体にとどまらず、当該契約を締結するに至った背景事情や経緯、当事者が当該契約により達成しようとしている事業目的、当該契約に基づく取引の社会的・経済的意義、当事者おのおのの役割、信義誠実の原則に基づい

1 目　的

て相互の義務を履行する旨等がしばしば規定されます。

2　目的条項の役割

　本条項案のように、契約書の目的条項には、「信義誠実の原則に従って」などと規定されることが少なくありませんが、信義誠実の原則は、民法に定められていますので、契約書に定めるまでもなく、法律上当然に要求されている内容といえます。にもかかわらず、目的条項に規定することは、法律上の意味があるというよりも、契約書に規定することにより、契約の当事者間で再確認しているものといえるでしょう。

　それでは、目的条項が法律上の意味を有しないのかというとそうではありません。まず、当該契約の目的を達成しえないことを解除事由とする解除条項を定めている場合や、秘密保持条項において、当事者の秘密情報を当該契約の目的以外の目的で使用してはならないとする目的外使用の禁止条項を定めている場合等、当該契約の「目的」が他の条項に基づく法的効果が発生するための要件となっている場合が考えられます。この場合、当該契約の「目的」がどのようなものであるのかが契約書上に明確に定められていないと、そもそも何が当該契約の「目的」として合意されているのか判然としません。そこで、契約の解釈によりこれを確定しようとしても、現実には当事者間で当該契約を締結する目的についての認識・思惑が多かれ少なかれ異なっている場合もあるため、ひとたび法的紛争となった場合には、契約の「目的」の解釈をめぐって延々と主張・立証を繰り広げるといったこともめずらしくありません。したがって、このような場合には、目的条項において、当該契約の「目的」を明確かつ正確に過不足なく定めておくことは重要な意味を有することになります。

　次に、契約の目的が、当該契約書の各条項を解釈する際の基準となる場合もあります。これは一般に、「契約（法律行為）の解釈」といわれるもので、当事者間で締結された契約（法律行為）の意味・内容を解釈によって明らかにすることをいいます。契約（法律行為）の解釈は、一般的に、①契約の目的、②慣習、③任意規定、④信義則、⑤条理を基準として行われるこ

第 3 章　取引基本契約書

ととされています。「契約（法律行為）の解釈」の基準となる契約の目的は、かならずしも目的条項の記載のみに基づいて認定されるわけではありませんが、目的条項に記載されている文言が、契約当事者によってその主張のよりどころとされることは少なくありません。日常的な契約書作成の実務において、目的条項には、「共同の利益の増進と円滑な取引の維持を図る。」といった抽象的・修辞的文言あるいは美辞麗句のたぐいが漫然と記載されることも少なくないですが、たとえば、このような抽象的・修辞的文言をよりどころに「共同利益増進義務」であるとか「円滑取引維持義務」といった具体的な契約上の義務の発生が主張される場合もありますので、目的条項を作成する際には、目的を明確にする一方で、余事記載には十分注意する必要があります。

2 適用範囲

Ⅰ 条項案

第2条（適用範囲）
1　本契約は、別途書面により合意した場合を除き、買主及び売主間の本製品に関する全ての各個別契約に適用されるものとする。
2　個別契約の内容が本契約と異なる場合には、個別契約の定めが優先するものとする。

Ⅱ 条項作成上のポイント

1　適用範囲

　取引基本契約は、一定の範囲内の多数の取引への適用が予定されたものであり、同一の当事者間であっても、他の取引に関しては別の契約内容を適用したい場合もあるため、そのような場合には、取引基本契約において、どの範囲の個別契約に適用されるかを明確にする必要があります。

　具体的な適用対象を明確にする手法としては、たとえば、製品の売買に関する取引基本契約であれば、契約当事者および適用対象となる製品を特定することにより取引基本契約の適用対象を明確化することが通常です。本条項案1項でも、「買主及び売主間の本製品に関する」という文言により、契約当事者と製品を特定することにより、適用対象を明確化しています（なお、「本製品」は、別途定義条項等において、適用対象製品を特定することを前提としています）。このようにすることによって、たとえば、同じ企業内の異なる部門AとBとが、同一の取引先企業との間で異なる取引条件に従っ

105

第3章　取引基本契約書

て取引を行いたいという要望がある場合に、A部門と当該取引先企業との間で締結している取引基本契約が、B部門と当該企業との間でも適用される、という事態を防止することができます。

2　個別契約との優先関係

個別契約と取引基本契約の優先関係の詳細については、**第1章2Ⅲ**を参照してください。

通常、取引基本契約においては、適用対象取引全般に適用される一般的な契約条件を規定し、個別契約においては、当該個別の取引の事情に応じた契約条件を規定するため、個別契約の規定が取引基本契約の規定に優先すると定めるのが一般的です。本条項案でも、2項で取引基本契約と個別契約の齟齬が生じた場合には、個別契約の定めを優先するとの定めを置いています。

3 　個別契約の成立

Ⅰ　条項案

第3条（個別契約の成立等）
1　契約の目的物の名称、仕様、数量、価格、引渡期日、引渡方法、支払期日、支払方法その他売買契約に必要な事項は、本契約に定めるものを除き、個別契約にて別途定める。
2　個別契約は、買主が売主に対し、注文書その他注文内容を明示した文書（以下「注文書」という。）を送付し、売主による注文請書その他買主の注文に対する受諾の書面が買主に到達した時に成立する。ただし、買主から注文書を受領した日から○営業日以内に、売主から承諾の拒絶の意思表示がないときは、個別契約は成立したものとみなす。
3　個別契約の内容を変更する必要が生じたときは、買主と売主は協議の上変更できる。

Ⅱ　条項作成上のポイント

1　個別契約の締結（3Ⅰ）

　契約を締結するためには、各契約の成立要件を立証する必要があり、売買契約の成立要件は、①財産権移転の約束と、②代金支払約束の2点と定められています（民555）。したがって、物の引渡期日や代金の支払期日等は、売買契約の成立のために不可欠なものではありません（いわゆる契約の「付款」にすぎません）。取引基本契約において、これらすべてを網羅的に規定できるわけではないのですが、これらの内容は、実務上、きわめて重要な意義を有しているため、売買契約の成立に必要か否かにかかわらず、個

107

第3章 取引基本契約書

別契約で定める必要があります。どのような内容を個別契約で定めるかは、一定程度特定したうえで、「……その他売買契約に必要な事項は」という包括的な表現をしておくことが多いです。すべての契約に共通する事項については、取引基本契約において、あらかじめ買主・売主間で定めておくことはもちろんです（そうでないと取引基本契約を締結する意味がありません）。さらに、各個別契約で定めるべき事項については、取引基本契約であらかじめ列記しておくことで、当該取引にとって、何が重要なのか、個別契約で何を定めなければならないかを両当事者の共通認識としておくことが有益です。

2　個別契約の成立（3Ⅱ）

　契約は、契約の内容を示してその締結を申し入れる意思表示に対して、相手方が承諾をした時に成立します（改民522Ⅰ）。そして、契約の成立には、法令に特別の定めがある場合を除き、書面の作成その他の方式を具備することを要しないとされています（改民522Ⅱ）。しかし、取引基本契約においては、口頭の合意のみで個別契約を成立させるのではなく、書面のやりとりを通じて、個別契約が成立する旨を定めることが一般的です。これは、後々になって、当事者間で個別契約が成立していたか否かで争いになることを防ぐためです。なお、書面が到達した時に契約が成立するとしていますが、書面を送付した時（発信主義）に契約が成立するとすることも可能です。

　さらに、取引基本契約においては、契約の成立を書面のやりとりに限定し、口頭による合意により契約が成立することを排除するとともに、一定の期間の経過により、自動的に契約が成立することを規定することも少なくありません。これは、注文してからいつまでたっても契約が成立しないとなると、商取引の迅速性が損なわれ、双方にとって、不利益となると考えられるためです。

3 個別契約の変更（3 Ⅲ）

　個別契約の成立後であっても、個別契約の変更の必要が生じる場合があります。契約が一度成立すれば、両当事者は、契約に拘束され、当事者の一方的な意思表示により契約内容を変更することはできません。しかし、両当事者の合意さえあれば、個別契約を合意解除して、再度、内容変更後の個別契約を締結することも可能ですので、買主・売主の双方の合意がある場合には、当然に個別契約を変更することができます。そのため、買主と売主が協議のうえ変更できるものと規定することは、特別な法律上の意味を有するものではありませんが、特に明示した仕様、数量、引渡期日等について、変更の必要が生じた場合には、買主・売主において、協議のうえで柔軟に解決することをめざすべきことを示すという意味で効力をもつことになるでしょう。

　なお、取引基本契約において、相手方から一方的に個別契約を変更できる旨を定める場合には、当該変更に基づいて損害が発生したときは、変更した相手方が、その損害を補償することを定めておくことが望ましいでしょう。

Ⅲ　本条項案に関する留意事項

　取引基本契約の内容が、委託や請負等の場合には、下請法の適用の可能性に注意が必要です。下請法3条および下請代金支払遅延等防止法第3条の書面の記載事項等に関する規則1条によれば、下請事業者の保護のため、下請代金の額、支払期日および支払方法等を記載した書面を下請事業者に交付しなければならないものとされています。

コラム：2段の推定
　裁判上、文書については、真正に成立していること、すなわち、その文書が特定人の意思に基づいて作成されたことを証明しなければいけません（形式的証拠力）。たとえば、売買契約の存在を証明するためには、売買契約書

第3章　取引基本契約書

が存在するだけでは足りず、当該売買契約書が、売買契約当事者の意思に基づいて作成されたことが必要です。

　民事訴訟法228条4項は、私文書の成立の真正につき、「本人又はその代理人の署名又は押印があるときは、真正に成立したものと推定する。」と規定しています。ただし、この「署名」「押印」については、本人または代理人の「意思に基づくもの」であることが必要です。しかしながら、「署名」や「押印」が、本人または代理人の意思に基づくものであることを立証することはむずかしいため、判例により、立証が緩和されています。判例は、「私文書中の印影が本人又は代理人の印章により顕出された場合には、反証なき限り当該印影は本人又は代理人の意思に基づき成立したものと推定され、その結果、本条4項の『本人又はその代理人の……押印があるとき』の要件が満たされるので、文書全体が真正に成立したと推定される」（最判昭和39年5月12日民集18巻4号597頁参照）と判示しました。つまり、「印影が、本人又は代理人の印章によるもの」であれば、その印影は、「本人又は代理人の意思に基づくもの」であると推定され、「本人又は代理人の意思に基づく印影」であれば、「文書が真正に成立したもの」と推定されるというわけです。たとえば、ある文書に会社の代表印が押印されていれば、会社の代表者の意思に基づいて押印されたものであると推定され、その結果、その文書は会社の代表者が作成したものであると推定されるのです。

　この判例は、日本において、印鑑を重用する文化が浸透しており、容易に他人に印鑑を貸したり、預けたりすることはないという経験則を理由に導かれています。近年の電子情報の流通に伴い、電磁的記録については、電子署名によって、文書の真正が推定されることとなりましたが、電子署名による文書の真正は、秘密鍵は本人しか知りえないということを前提とされていますので、秘密鍵の保管には、きわめて慎重にならなければいけないでしょう。

	4	価　格

I　条項案

第4条（価格）
 1　売主は、買主に対し、見積書を提出するものとし、買主と売主は、売主から提出された見積書を前提に、契約の目的物の価格を協議の上決定する。
 2　契約の目的物の価格は、特約のない限り、包装費、運賃、保険料その他一切の経費等を含むものとする。

II　条項作成上のポイント

1　価格の決定方法（4 I）

　目的物の価格または価格の決定方法については、売買契約の成立要件である代金支払約束の要素であると考えられており、実務上は、取引基本契約書において、協議の基本的なルールを定めておくことが一般的です。本条項案1項は、価格の決定方法の一例にすぎず、取引基本契約においては、別途価格表を定めることも少なくありません。

2　弁済の費用と売買契約に関する費用（4 II）

　弁済の費用について、別段の意思表示がないときは、その費用は債務者の負担となります（民485）。ただし、売買契約の場合には、費用負担に関する特則が定められており、売買契約に関する費用は、当事者双方が等しい割合で負担することとされています（民558）。弁済に関する費用は債務者の負担、売買契約に関する費用は、双方が等しい割合で負担することとさ

111

第3章　取引基本契約書

れているため、契約書に記載されていないと、どの費用が弁済に関する費用で、債務者が負担するものなのか、売買契約に関する費用で、双方の負担となるのか明確でなく、争いの原因となりかねません。そのため、一般に、包装費用や運賃等の経費は弁済の費用、公正証書や印紙代については売買契約に関する費用であると解されていますが、これらの費用も含めて、費用を負担する者を契約書上明確にしておくことが望ましいでしょう。

Ⅲ　本条項案に関する留意事項

　下請法が適用される場合（売主が下請事業者に該当する場合）には、「買いたたき」に該当しないように注意する必要があります。下請法で禁止されている「買いたたき」とは、下請代金の額を決定するときに、①発注した内容と同種または類似の給付の内容に対して、通常支払われる対価に比べて著しく低い額を②不当に定めることをいいます（公正取引委員会＝中小企業庁「下請代金支払遅延等防止法ガイドブック　ポイント解説下請法」8頁）。

　「買いたたき」にあたるか否かは、対価が著しく低くないかという価格基準、その対価を不当に定めていないかという対価の決定方法や対価が他と比べて差別的であるかどうかという対価の決定内容を勘案して総合的に判断されます。下請代金の決定にあたっては、下請事業者の事業を十分に考慮し、協議を尽くすことが重要とされていますので、協議の方法については、不公平または不十分なものと争われないよう協議した記録を残しておくことが有益といえるでしょう。

5　検　査

Ⅰ　条項案

第5条（受入検査）
1　買主は製品の受取り後、買主が定める検査方法及び検査基準に基づき受入検査を行うことができる。
2　買主は製品の品質確認のため事前に売主に通知の上、売主の事務所、工場等に買主の指定する者を派遣して、受入検査を行うことができる。
3　買主は、前二項に定める受入検査の結果、製品の種類、品質又は数量に関して契約の内容に適合しないもの（以下「契約不適合」という。）があるときは、直ちにその旨を売主に通知するものとし、かかる通知がない場合、売主は契約不適合について何らの責任も負わないものとする。

第6条（検収）
1　第5条第1項の場合、受入検査に合格し、購買部門による検収をもって引渡完了とし、製品の所有権は当該引渡完了時に売主から買主に移転するものとする。
2　第5条第2項の場合、受入検査合格品を買主の指定場所に搬入し、購買部門による検収をもって引渡完了とし、製品の所有権は当該引渡完了時に売主から買主に移転するものとする。

Ⅱ　条項作成上のポイント

1　受入検査

　本条項案5条1項および3項は、検査および通知義務を規定しています。そして、「買主が定める検査方法及び検査基準に基づき」と明記することに

第3章　取引基本契約書

より、検査の内容について明確化を図っています。

さらに、本条項案5条2項は、買主による事前の受入検査が可能であることを規定しています。常に入れないといけない条項ではありませんが、必要に応じて規定することを検討することになります。

2　検　収

本条項案6条は、どの段階で引渡しが完了し、所有権が移転するのかを規定し、明確化を図っています。

Ⅲ　本条項案に関する留意事項

1　契約不適合責任（瑕疵担保責任）

第2章8で述べたとおり、今回の改正により、瑕疵担保責任については契約責任説の立場に立つことが明らかにされ、売買の目的物が特定物か不特定物かを問わないことになりました。取引基本契約に基づく売買契約は、通常、不特定物売買であると思われますが、後述する商法の規定による修正がなされていない部分については、民法の規定が適用されることになります。もっとも、かかる瑕疵担保責任（契約不適合）に関する規定は任意規定であり、本書が想定している契約は消費者契約法の適用がないため、取引基本契約書等において特約が規定されていれば、当該特約が適用されます。

2　買主による目的物の検査通知義務

商人間の売買においては、買主による目的物の検査通知義務を定めた改正商法526条が適用されます（同条2項は、改正民法が瑕疵から契約不適合という表現に改正したことに伴い、表現が改正されています）。この規定は、民法の改正前から、不特定物売買にも適用があるとされています（最判昭和35年12月2日民集14巻13号2893頁）。

同条が定める買主の義務は、具体的には以下のとおりです。

114

5 検査

　まず、買主には、売買の目的物を受領後遅滞なく検査する義務が定められています（検査義務、商526 I）。

　また、この検査により、売買の目的物が種類、品質または数量に関して契約の内容に適合しないことを発見したときには、ただちに売主に対してその旨の通知を発しなりれば、その不適合を理由とする①履行の追完の請求、②代金の減額の請求、③損害賠償の請求、および、④契約の解除をすることができない旨が定められています。（通知義務、改商526 II）。売買の目的物が種類または品質に関して契約の内容に適合しないことをただちに発見することができない場合であっても、買主が6か月以内にその不適合を発見できた場合には、ただちに売主に対してその旨の通知を発しなければ、上記①〜④ができません。また、買主が6か月以内にその不適合を発見できなかった場合も同様です。なお、ただちに発見することができない場合（改商526 II後段）から数量に関して契約の内容に適合しないことが除かれていますが、これは、数量に関して契約の内容に適合しないか否かはすぐに発見することができると考えられることからです。

　これらの規定は任意規定と解されているため、取引基本契約書等において特約が規定されていれば、当該特約が適用されます。

3 検査

　上記のとおり、買主には検査義務があるため、検査義務を履行したかどうかがより明確になるようにするため、この検査の方法を基本契約において定めておくことは有用です。

4 検収・所有権移転

　現行民法においては、法定責任説をとるか、契約責任説をとるかで種類物に瑕疵があった場合の処理が異なります。法定責任説の場合、瑕疵のある物の給付では特定はせず、買主は完全履行請求が可能とされます。一方、契約責任説の場合は、目的物を引き渡した後は、特定物と同じ処理になるとされていました。いずれにせよ、どの段階で有効な引渡しがなされ、目

第3章　取引基本契約書

的物の所有権が移転するのかなどについて、取引基本契約に記載して明らかにすることは有用です。また、その点は契約責任説をとることを明らかにした改正民法においても同様です。

5　品質基準

　改正民法において、瑕疵から契約不適合という表現に改正がなされており、契約に適合しているかどうかという点がよりいっそう重要になってきます。そこで、契約において、契約の目的物の品質基準を定めておけば、契約不適合性の判断に資することになります。

6　品質保証責任

I　条項案

第7条（品質保証）
　売主は、買主に納入する製品が所定の品質を満足し、かつ信頼性のあるものであることを責任をもって保証するとともに、かかる保証義務を遂行するために適切なる品質保証体制を確立し、またその維持に努めるものとする。【なお、買主及び売主は別途に品質保証協定書を締結し、その詳細を定めることができるものとする。】

II　条項作成上のポイント

1　品質保証条項

　本条項案の目的は、買主の要求品質に適合する目的物の納入を売主に保証させることにあります。

　法律上の原則はIIIで後述するとおりですが、売買目的物が特定物か不特定物かを問わず、当事者の合意内容や取引通念から導かれる品質には、上下の幅があるのが通常と思われます。

　そこで、買主としては、要求品質を仕様書等において詳細に定めておく必要があります。他方で、売主としても、品質保証の範囲が漠然と広がりすぎないよう、仕様書等において具体的な品質基準を定めておく必要があります。

第3章　取引基本契約書

2　品質保証体制

　法律上、売主に品質保証体制の確立・整備義務が定められている場合もありますが（医薬品、医療機器等の品質、有効性及び安全性の確保等に関する法律（旧薬事法）等）、買主としては、法律上定めがない場合であっても、売主に品質保証体制の確立・整備義務を課す（場合によっては品質保証体制の調査条項まで入れておく）ことは有用と考えられます。

　なお、品質保証体制の確立・整備義務の一環として、売主側の製造工程変更の際に、買主への通知を義務づける場合もありますが、工程変更は売主側の内部的な生産体制にかかわる事項であり、売主としては、製品の品質にかかわりうる「重大な」工程変更の場合に限るよう制限したいところです。

Ⅲ　本条項案に関する留意事項

　売主による目的物の提供は、「債務の本旨に従って現実にしなければならない。」とされています（本旨履行、民493条）。売主が目的物をいかなる状態で引き渡せば本旨履行したことになるのかについて、現行民法は、特定物と不特定物とで取扱いを異にしています。

　すなわち、現行民法下では、特定物が売買目的物である場合には、その引渡し時の現状で引き渡せば足りる（現民483）とされ、他方、不特定物の場合には、法律行為の性質または当事者の意思によってその品質を定めることができないときは「中等の品質を有する物」を給付すれば足りる（民401Ⅰ）とされています。

　現行民法483条については、特定物売買において、売主は特定物をそのまま引き渡せば引渡義務を完全に履行したことになるとの建前（特定物ドグマ。特定物である中古車を例にとると、中古車のエンジンに欠陥があったとしても、当該中古車の現状での引渡しをもって売主の引渡義務は果たされるとする建前）の根拠の1つとされていました（売買の瑕疵担保責任に関する法定責任説）。しかし、特定物ドグマを認めることについては、学説から強い批判が

118

6 品質保証責任

向けられており、今般の改正で、特定物ドグマを改正民法483条によって根拠づけることはできなくなりました。

すなわち、改正民法483条には、現行民法483条の規定に、「契約その他の債権の発生原因及び取引上の社会通念に照らしてその引渡しをすべき時の品質を定めることができないときは」との修飾語が付加され、合意内容や当該契約類型から導かれる一定の品質を備えた特定物（上記を例にとると、エンジンに欠陥のない中古車）の引渡しが売主の引渡義務の内容をなすことが明らかにされました（特定物ドグマの否定）。

もっとも、改正民法483条は「契約その他の債権の発生原因及び取引上の社会通念に照らしてその引渡しをすべき時の品質を定めることができないとき」に限って適用されることになりますが、売買の場合、合意内容や取引通念から引渡しをすべきときの一定の品質が導かれるため、同条が適用される余地はないものと考えられています（改正法の概要182頁）。

7 危険負担

I 条項案

第8条（目的物の滅失等についての危険の移転）
　第6条に基づき買主が検収する前に生じた製品の滅失、損傷その他の損害は、買主の責めに帰すべきものを除き売主が負担し、検収後に生じた製品の滅失、損傷その他損害は、売主の責めに帰すべきものを除き買主が負担する。

II 条項作成上のポイント

　後述するとおり、改正民法下での法律上の原則では、①引渡し時に危険が移転することになりますが、契約の履行段階に応じ、買主にとっては、②検収時、③売買代金完済時等を危険の移転時期とするよう、契約によって修正することが可能です。

　理論的には、売主にとっては、契約の履行段階のうちより早い時期（通常、①→②→③の順）に危険を移転することが有利であるといえますし、買主にとっては、その逆で、契約の履行段階のうちより遅い時期（通常、③→②→①の順）に危険を移転することが有利であるといえます。

III 本条項案に関する留意事項

1 危険負担とは

　危険負担とは、当事者の責めに帰することのできない事由により目的物が滅失または損傷した場合のリスクを、当事者のいずれが負担するかとい

120

う問題をいいます。債権者（売買契約における目的物引渡債務の債権者、つまり買主を指します）が当該リスクを負担する（買主が代金支払義務を負う）ことを「債権者主義」、債務者（売買契約における目的物引渡債務の債務者、つまり売主を指します）が当該リスクを負担する（売主は代金を受領できない）ことを「債務者主義」といいます。

2　危険負担の移転時期──法律上の原則

改正民法においては、目的物の滅失または損傷の危険が移転する基準時について、目的物の引渡し時であることが明記されました（改民 567 Ⅰ）。

現行民法下では、危険負担に関して、目的物が特定物か不特定物かによって取扱いを異にしていました。すなわち、特定物の売買契約については債権者主義が採用され（現民 534 Ⅰ）、他方、不特定物の売買については、目的物の特定前は債務者主義（現民 536 Ⅰ）、特定後は債権者主義（現民 534 Ⅱ）が採用されていました。

もっとも、現行民法の規定については、債権者が特定物の引渡しを受けていないにもかかわらず（さらに、履行不能に基づく損害賠償請求をできないにもかかわらず）、支払義務を履行しなければならないという帰結は不合理であるとの指摘がされており（**第2章4**）、かかる不合理性を排除するため、契約実務においては、危険の移転時期を特定物の引渡し時または検収時に修正する特約が多くみられました（星野英一『民法概論Ⅳ（契約）〔合本新訂〕』（良書普及会、1986）56 頁）。

改正民法のもとでは、かかる契約実務をふまえ、目的物が特定物か不特定物かにかかわらず、危険の移転には、買主への目的物「引渡し」までを要することになりました（改民 567 Ⅰ。なお、不特定物売買において、契約に適合しない目的物を引き渡した場合は、特定の効果が生じないため、改民 567 Ⅰの適用対象外であり、債務不履行一般の問題になります）。

3　民法改正による留意点

不特定物売買の場合において当事者双方の帰責事由によらずに目的物が

第3章 取引基本契約書

減失・損傷し、債務が履行不能となった場合、現行民法下では、反対債務は自動的に消滅していましたが（現民536 I）、改正民法下では、反対債務はなお残存しますので、これを免れるためには、債権者は解除（改民542 I ①）または履行拒絶（改民536 I）の手続をとる必要がある点に留意が必要です（**第2章4**）。なお、危険移転後の減失・損傷の場合には、反対債務は残存したまま、債権者は上記権利を行使することができません（改民567 I。改正法の概要269頁）。

4 売買目的物（特定物）の減失または損傷について債権者がとりうる手段

改正民法下において、特定物売買における目的物が減失または損傷した場合に債権者がとりうる手段については、下表のとおり整理できます（債務不履行による損害賠償については**第2章2**、解除については**第2章3**、売買については**第2章8**参照）。

		反対債務の履行拒絶	解除	履行の追完請求	代金減額請求	損害賠償請求
危険移転前	債務者に帰責事由あり	○※1 536条1項	○※1 542条1項1号	○※1 562条1項	○※1 563条2項1号	○ 415条2項1号
	双方に帰責事由なし					×※2 415条1項ただし書
	債権者に帰責事由あり	× 536条2項	× 543条	× 562条2項	× 563条3項	
危険移転後	債務者に帰責事由あり	○※3	○※3	○※3	○※3	○ 415条2項1号

122

7 危険負担

危険移転後	双方に帰責事由なし	× 567条1項	× 567条1項	× 567条1項	× 567条1項	×[2] 415条1項 ただし書
	債権者に帰責事由あり	× 536条2項	× 543条	× 562条2項	× 563条3項	

※1 ただし、債権者の受領遅滞中に、当事者双方に帰責事由なく履行不能となった場合には、「債権者の責めに帰すべき事由によるものとみな」されることから、債権者の権利行使不可（改民413の2Ⅱ）。

※2 ただし、債務者の履行遅滞中に、当事者双方に帰責事由なく履行不能となった場合には、損害賠償請求可（改民413の2Ⅰ）。

※3 危険移転後の滅失・損傷に関し、債権者の権利行使が制限されるのは、改民567条1項の文言上「当事者双方の責めに帰することができない事由」による場合であると規定されているが、「売主の責めに帰すべき事由」による滅失・損傷の場合には、債権者の権利行使は制限されないと解されている（部会資料84-3・14頁）。

8　支払および相殺

Ⅰ　条項案

第9条（支払及び相殺）
1　買主は売主に対し、目的物の代金を、個別契約において別途定める方法
により支払う。
2　買主は、本契約又は個別契約に基づき、売主から支払を受けるべき金銭
債権を有する場合、当該金銭債権に係る売主の債務の弁済期が到来してい
るか否かを問わず、売主に対し、書面をもって通知することにより、いつ
でも当該金銭債権と前項に定める目的物の代金とを対当額で相殺すること
ができる。

Ⅱ　条項作成上のポイント

1　支払時期、支払場所等に関する条項

　本条項案1項は、目的物の代金の支払時期、支払場所等に関する条項で
す。民法上、売買代金の支払期限は、目的物の引渡日と同一であると推定
されることとなっています（民573）。また、支払場所についても、代金の支
払期限と目的物の引渡期限が同時の場合には、目的物の引渡場所が代金の
支払場所となることとされています（民574）。支払方法についても、金銭
債権の場合は、各種の通貨で弁済できることとされています（民402Ⅰ）。
ただし、これらの規定は任意規定であり、異なる内容を契約で定めた場合
には契約で定めた内容が優先されます。

　これらの支払時期、支払場所および支払方法について、取引基本契約に
おいて取引全般について共通の定めを設けることも可能ですが、本条項案

124

においては、各個別契約において別途定める方式を採用しています。実務的な感覚では、取引基本契約とは別に個別契約を締結する取引形態を採用する場合、その多くにおいて、このような方式が採用されているように思います。

ほかには、たとえば、毎月末日を締め日として支払額の算定を行い、翌月末日等に支払うといったかたちで支払時期を定める方法もみられます。

2 相殺予約条項

本条項案2項は、相殺予約に関する条項です。民法上、相殺を行うためには、双方の債権が弁済期にあることが必要です。弁済期にあるというのは、たとえば、売買契約における代金支払債権でいえば、代金の支払期日が来ていることが必要とされています（民505Ⅰ）。ただし、相殺を行う者が債務者となっている債権については、相殺を行う者が、期限の利益（支払期限まで支払を行わなくてよいという権利）を放棄してしまうことが可能ですので、相殺を行う者が有する債権の弁済期が到来しているかどうか、ということで相殺ができるかどうかが決まります。

そこで、本条項案のように、債権の弁済期が到来したかどうかにかかわらず、相殺を可能とする条項を入れておいて、相殺について当事者が事前に合意しているものと取り扱う相殺予約条項を入れておくことがあります。また、一定の事由が発生した場合に、期限の利益を喪失することを定める条項（失期条項）を設けておくことで相殺できるようにすることもあります。

なお、売主が下請法上の下請事業者に該当する場合において、売買の対象物が有償支給原材料等のときは、早期決済の禁止（下請4Ⅱ①）が定められており、注意が必要です。これは、下請業者を保護するために、下請業者が有償支給品を用いて製造等を行った場合に、当該製造等の対価（下請代金）の支払期日よりも早い時期において、有償支給品の対価を支払わせたり、下請代金から相殺したりすることを禁止したものです。

第3章　取引基本契約書

Ⅲ　本条項案に関する留意事項

1　相殺権の倒産手続における取扱い

　相殺権は、相殺によって対立する債権を消滅させることによって、実質的に自身が有する債権の弁済を担保するという機能も有しています。これを相殺の担保的機能といいます。この相殺の担保的機能がもっとも重要となる場面が債務者において倒産手続がとられた場合です。

　たとえば、債務者が破産手続をとった場合、債権者の債権は原則として破産債権という債権となり、債権額の全部について弁済を受けることが期待できなくなります。

　しかし、それでは、相殺の担保的機能に期待をしていた債権者の利益を害することにもなりかねません。そこで、破産法は、破産手続がとられた場合であっても、債権者が相殺権の行使をすることを認めています（破67Ⅰ）。また、通常の相殺においては、相殺権を行使する者が有する債権の弁済期が来ていることが必要でしたが、破産法ではこの要件を緩和して、破産手続開始時に弁済期が来ていなくても弁済期が来たものとみなして、相殺を認めています。

　一方で、①破産手続開始後に破産債権を取得し、または破産者に債務を負担したりした場合、②破産者が支払不能になった事実を知って、破産債権を取得し、または破産者に債務を負担した場合、③支払停止後にそれを知って破産債権を取得し、または、破産者に債務を負担した場合、④破産手続開始申立後にそれを知って破産債権を取得し、または破産者に債務を負担した場合には、原則として相殺ができませんので、注意が必要です（破71Ⅰ、72Ⅰ）。

　他方、清算型の破産手続と異なり、再建型の民事再生手続や会社更生手続のなかでは、再生債権や更生債権の届出期間満了までに債権者が有する債権の弁済期が来ていなければならず、かつ、相殺の意思表示も届出期間満了までに行わなければならないという制限があります。

8 支払および相殺

このような倒産手続時への対応の観点からも、相殺予約条項や失期条項を入れておく必要性があります。

2 電子記録債権法に基づく電子記録債権の利用[1]

支払方法の1つとして、2008年12月に電子記録債権法が施行されて、電子記録債権という決済方法が誕生しました。これは、これまでの手形に代わる新しい決済手段となることが期待されたもので、債権の中身や譲渡の履歴等を電子的に記録をする一方で、手形に認められていた善意取得や人的抗弁の切断等といった取引の安全性を高めるための規定も設けられたものです。

2018年2月末現在で、一般社団法人全国銀行協会によって設立された電子債権記録機関であるでんさいネット[2]（正式名称：株式会社全銀電子債権ネットワーク）における残高金額は約5兆4620億円[3]となっており、利用契約数や残高が増加傾向にあります。

そのため、支払方法として、電子記録債権の利用も今後進んでいくものと考えられ、電子記録債権での決済についても取引基本契約や個別契約で規定していくことも今後増えていくものと思われます。

---

1) 滝川宜信『取引基本契約書の作成と審査の実務〔第5版〕』（民事法研究会、2014）347頁以下参照。
2) 電子債権記録機関としては、でんさいネットのほかに、メガバンクが主体となって設立した日本電子債権機構株式会社、SMBC電子記録債権株式会社、みずほ電子債権記録株式会社、Tranzax電子債権株式会社があります。
3) 2018年3月15日付けでんさいネットの公表データによります。

9 遅延損害金

Ⅰ 条項案

第 10 条（遅延損害金）
　買主が代金の支払を怠ったときは、支払期日の翌日から弁済に至るまで年 14.6％の割合による遅延損害金を売主に支払うものとする。

Ⅱ 条項作成上のポイント

1 条項の趣旨

　取引基本契約において、買主が代金の支払を遅延した場合の損害金を規定することがあります。

　この遅延損害金条項の主たる趣旨は、買主が代金の支払を遅延した場合の損害金の利率を法定利率より高めに利率を設定しておくことで買主に履行を促す点にあります。

　代金の支払債務のような金銭債務については、通常の債務と異なり、債務不履行をした場合の損賠賠償の金額は、原則として、法定利率により定められますが、例外的に、約定利率が法定利率を上回る場合には約定利率により定められます（改民 419 Ⅰ）。また、金銭債務の債務不履行の場合には、債権者は、損害の証明をすることを要せず（民 419 Ⅱ）、また、債務者は不可抗力をもって賠償義務を免れることはできません（民 419 Ⅲ）。

2 約定利率を定める場合の留意点

　このように、遅延損害金の利率として契約に法定利率より高い利率を定

128

9 遅延損害金

めた場合、契約自由の原則から、この約定利率は原則として有効ですが、強行法規により一定の場合には無効となりますので、留意が必要です。

たとえば、製造委託等の一定の取引類型において一定の要件を満たす親事業者と下請事業者との間の取引の場合には、下請法の適用があり、下請法上、下請業者への下請代金の支払に遅延が生じた場合には、親事業者は年14.6％の遅延利息を下請業者に支払わなければならないとされています（下請4条の2、下請代金支払遅延等防止法第4条の2の規定による遅延利息の率を定める規則）。このため、下請法の適用がある取引の場合には、下請業者への下請代金の支払に関する遅延損害金の利率を14.6％より低い利率に定めていたとしても、親事業者は年14.6％の遅延利息を下請業者に支払わなければなりません。

また、取引基本契約において生じることはあまり想定されないと思いますが、貸金債権の場合には、利息制限法の適用があり、利息制限法上、遅延損害金の上限は、元本額が10万円未満の場合は年29.20％、元本額が100万円未満の場合は年26.28％、元本額が100万円以上の場合は年21.90％までとされています（利息制限法4Ⅰ、1）。

コラム：契約自由の原則

契約自由の原則とは、契約を締結するかどうか（締結の自由）、誰と契約するか（相手方選択の自由）、どのような内容の契約にするか（契約内容の自由）、どのような方式（書面、口頭等）の契約にするか（契約方式の自由）、について当事者が自由に決めることができることをいいます。

歴史的には資本主義の勃興期において、経済学でいう自由放任主義（レッセフェール）による自由な競争を通じてより多くの富を獲得することのできる社会がめざされましたが、この思想の法学上の表れが契約自由の原則といえます。ただ、その後、自由競争が強者による弱者支配を生み、不平等な社会を招来することが自覚されたことから、自由競争や契約自由の原則は必要に応じて制限されることになりました。

このような背景からわが民法も契約自由の原則を採用しつつ、必要に応じてこれを制限しています。すなわち、契約当事者が民法の規定のうち公の秩

第3章　取引基本契約書

序に関しない規定と異なる合意をした場合には、当事者の合意を優先すると
されています（民 91）。公の秩序に関しない規定を任意規定といい、公の秩序
に関する規定を強行規定といいますが、前者については契約自由の原則が貫
かれており、他方、強行規定により契約自由の原則が制限されているといえ
ます。今回改正の対象となっている債権法の規定については、その多くが、
当事者がはっきり決めておかなかった場合のための補充の規定ですので、任
意規定と考えられますが、たとえば、保証に関する規定の多く（改民 465 の
2 等）は弱者保護の観点から設けられたものですので強行規定と考えられま
す。

Ⅲ　本条項案に関する留意事項

　他方、契約に遅延損害金条項を定めない場合には、遅延損害金の利率は
法定利率が適用されることになります。

　この点、**第2章**❶において解説したとおり、通常、取引基本契約には商
法が適用されますので、現行法上は、商事法定利率である年 6％が適用さ
れることになります（現商 514）。

　これに対して、改正民法が施行されると、民法の特則であった現行商法
514 条は削除されて民法に一本化され、そのうえで、改正民法 404 条は、現
行民法が年 5％の固定の利率であったのを年 3％に下げるとともに、3 年お
きにこの利率を見直す変動制となります。

　このように、改正民法の法定利率が年 3％に下がり、また変動制とはい
え昨今の経済情勢にかんがみ法定利率が急上昇するとは考えにくい状況に
あることをふまえ、遅延損害金の利率として法定利率よりも高い利率に設
定したいと考えるときには、取引基本契約において利率に関する特約を定
める必要があります。

　また、改正民法においては、3 年おきに法定利率が変動する可能性があ
り、債務者が遅滞の責任を負った最初の時点における法定利率が適用され
ることになりますので（改民 419 Ⅰ）、利率に関する特約を定めていない場

130

⑨ 遅延損害金

合には管理が煩雑となります。具体的には、取引基本契約に基づくある取引が遅滞となった後、法定利率が変動し、その後、別の取引でも遅滞となったというような場合、前者の取引と後者の取引とでは遅延損害金の利率が異なり、債権管理が煩雑となります。このため、遅延損害金の利率の高低という観点だけでなく、煩雑な債権管理を回避するという観点からも取引基本契約に特約を定める必要があります。

　以上からしますと、取引基本契約の遅延損害金条項において約定利率を設定することは現行民法下と比較して、よりいっそう必要性が高まるといえます。

　なお、改正民法の施行日前に債務者が遅滞の責任を負った場合における遅延損害金を生ずべき債権にかかる法定利率については、現行民法が適用されるとされていますので（改民附則17Ⅲ）、取引基本契約に基づく複数の個別契約に関して、ある個別契約に基づく債務の不履行が施行日前にあり、別の個別契約に基づく債務の不履行が施行日後にあった場合、遅延損害金の法定利率については、前者は現行民法の適用を受け、後者が改正民法の適用を受けるということになります。

<table>
<tr><td>**10**</td><td>## 契約不適合の担保責任</td></tr>
</table>

Ⅰ　条項案

第11条（契約不適合の担保責任）
1　売主は、第5条第3項の通知を受けたときは、買主の指示に従い、①本
　製品の修理、代品の納品又は不足分の納品を行うものとし、②これらによ
　る履行の追完が社会通念に照らして不能である場合には、契約不適合の程
　度に応じて代金の減額を行う。
2　前項の契約不適合が買主の責めに帰すべき事由によるものであるときは
　この限りではない。
3　第1項の規定は、買主による損害賠償請求及び解除権の行使を妨げない。
4　製品に第5条第1項又は同条第2項に定める受入検査では直ちに発見で
　きない契約不適合があり、買主が、検収後6ヶ月以内にその旨を通知した
　ときも、前三項の例による。ただし、数量不足の場合はこの限りではない。

Ⅱ　条項作成上のポイント

1　追完請求権および代金減額請求権（11 Ⅰ）

　買主は、売主に対して、条項案5条3項の通知をすることにより、まず
は追完請求権を行使することになります。追完請求権の内容は、「目的物の
修補、代替物の引渡し又は不足分の引渡し」（改民562 Ⅰ）であるところ、
同規定に対応して、本条項案1項では「製品の修理、代品の納品又は不足
分の納品」と規定しています。
　民法のルールでは、買主は、売主に対して、追完請求権および代金減額
請求権を選択的に行使できることとなっています（改民562、563を参照）。

132

しかし、本条項案1項においては、履行の追完が社会通念に照らして不能である場合にはじめて代金減額が可能な建付けにしています。これは、追完請求が履行されれば本来意図した取引が実現できることから、継続的取引関係にある当事者間の合理的意思としてもそれを望んでいると考えられるためです。もっとも、履行の追完が不能な場合も理論的にはありうるため、その場合には、契約不適合の程度に応じて代金の減額を行う建付けとなります（改民563Ⅱ①を参照）。

2　買主の責めに帰すべき契約不適合（11Ⅱ）

追完請求権および代金減額請求権については、契約不適合が買主の責めに帰すべき事由によるものであるときは、行使ができないこととなっています（改民562Ⅱ、563Ⅲ参照）。

3　損害賠償請求および解除権の行使（11Ⅲ）

契約不適合の場合、買主の救済手段として、2の追完請求権および代金減額請求権に加えて、損害賠償請求および解除権の行使を認めるものです（改民564参照）。なお、代金減額請求権の行使後については、それと両立しない損害賠償請求および解除権の行使はできないものとされています（一問一答279頁（注））。

4　期間制限（11Ⅳ）

買主は、受入検査時にただちに発見できない契約不適合が存在した場合でも、受入検査後6か月以内に契約不適合である旨を通知すれば、売主に対し、追完請求権および代金減額請求権を行使することができます（改商526Ⅱ後段参照）。ただし、数量については、受入検査時に発見できないというのが通常ありえないと考えられるため、数量不足は適用除外としています（改商526Ⅱ後段参照）。

なお、受入検査時にただちに発見できない契約不適合とは、受取時に合理的な検査をしても発見できない契約不適合と解されています（江頭憲治

第3章　取引基本契約書

郎『商取引法〔第7版〕』（弘文堂、2013）31頁を参照）。

Ⅲ　本条項案に関する留意事項

1　法定責任説から契約責任説へ

　第2章8で説明したとおり、現行民法の「隠れた瑕疵」（現民570）という概念は廃止され、「種類、品質又は数量に関して契約の内容に適合しない」（改民562Ⅰ）という表現にあらためられました。これにより、現行民法において議論されていた瑕疵担保責任の法的性質の論点（法定責任説か契約責任説か）について、法定責任説を廃し、契約責任説が採用されたとされています。

　その理由については、中間試案補足説明399頁において、以下のように説明されています。

　すなわち、「目的物が種類物か特定物かによって救済の体系を峻別し、前者については一般原則によるとして買主の追完請求権や損害賠償請求権や契約の解除権を肯定しつつ、特定物である場合には民法第570条によるとして売主の追完義務を一律に否定するという、典型的な法定責任説の考え方が、非常に硬直的であって工業製品が目的物の中心となっている現代の取引実務に適合的でないとの認識は、広く共有されていると考えられる。そうすると、民法において規定すべき売主の義務としては、目的物が種類物であるか特定物であるかを問わず、売主は当該売買契約の趣旨に適合した目的物を引き渡す契約上の義務を負っているとするのが適切である。」とし、改正民法においては契約責任説を採用することとなりました。

2　任意規定であること

　契約不適合の担保責任に関する商法および民法の規定は、任意規定と解されています。したがって、当事者間の契約で、商法および民法の規定と異なる合意をすることは可能です。そのため、契約不適合の担保責任に関して、いかなる法的ルールが当該継続的取引に適用されるのかを明確にす

134

る観点から、取引基本契約書においては、契約不適合の担保責任に関して、過不足なく明確に規定しておくことが望ましいでしょう。

3　民法のルールの特則としての商法 526 条

これまでみてきたとおり、買主が売主の契約不適合の担保責任を追及する手段として、追完請求権（改民 562）、代金減額請求権（改民 563）ならびに損害賠償請求権および解除権（改民 564）が民法のルールとして認められています。

民法のルールでは、買主はこれら手段を、原則として、契約不適合を知った時から 1 年以内に契約不適合である旨を売主に通知することで行使することができます（改民 566）。

もっとも、商人間の売買においては、取引の迅速性・安定性等の要請の観点から、上記民法のルールにおける買主の権利行使の期間制限の特則として改正商法 526 条が適用されることになります。

すなわち、買主は、①受入検査時に契約不適合を発見した場合には、受入検査後にただちに契約不適合である旨を通知しなければ、また、②受入検査時にただちに発見できない契約不適合が存在した場合には、受入検査後 6 か月以内に契約不適合である旨を通知しなければ、民法のルールで認められている買主の権利を行使することができなくなります（改商 526 Ⅱ）。

11 製造物責任

I 条項案

第12条（製造物責任）

1 本契約若しくは個別契約に基づき、売主が買主に引き渡した製品の欠陥（当該製品が通常有すべき安全性を欠いていることをいい、製造上、設計上若しくは指示・警告上の欠陥を含むが、それらに限られない。以下同じ。）により、若しくはこれに起因して、買主の生命、身体又は財産等に損害、損失若しくは費用（以下「損害等」という。以下同じ。）を生じた場合、売主は、買主に対し、一切の損害等を賠償する責任を負うものとする。

2 前項の製品の欠陥により、若しくはこれに起因して、第三者の生命、身体又は財産等に損害等を生じた場合、売主は、当該第三者に対し、一切の損害等を賠償する責任を負うものとし、その責任及び負担において、当該第三者と売主及び買主（もしあれば）との間の紛争を解決し、買主に一切の負担、迷惑を掛けないものとする。

3 前項の場合において、買主が、当該第三者の損害等を賠償し（製造物責任法（平成6年法律第85号）第3条に基づく損害賠償義務を履行した場合を含む。）、当該第三者との間の紛争解決に際して、弁護士費用その他の費用を負担した場合、買主は、売主に対し、その賠償額及び負担額の全額を直ちに求償することができるものとし、売主は、買主に対し、それらを直ちに賠償するものとする。

4 前三項にかかわらず、本契約に基づき、売主が買主に引き渡した製品の欠陥が、買主の指定した仕様書若しくは設計に関する買主の指示に従ったことにより生じ、かつ、当該欠陥が生じたことにつき売主に過失がないことを売主が立証した場合、売主は、当該欠陥につき本条に基づく責任を負わないものとする。

---

11 製造物責任

Ⅱ 条項作成上のポイント

1 取引基本契約の相手方当事者に対する責任（12 Ⅰ）

Ⅲ 1(1)のとおり、契約当事者間においても、法令上の要件が満たされる場合には、相手方当事者の製造物責任を問うことが可能です。本条項案 1 項では、それをさらに進めて、製品を引き渡した売主が「製造業者等」にあたるかどうかを問わず、民法上の相当因果関係や損害概念に含まれるかどうかを問わず、一切の損害等を賠償する義務を課しています。責任原因となる「欠陥」の意義については、製造物責任法における定義（Ⅲ 1(2)参照）を踏襲し、注意的にその類型を示すかたちにしています。

2 第三者に対する責任（12 Ⅱ）

本条項案 2 項では、売主が引き渡した製品の欠陥により第三者に損害等を生じた場合の買主・売主間の責任分担とその負担割合を定めており、売主がすべての責任を負担し、その負担割合は、売主が 100％であることを規定しています。また、当該第三者との間で紛争を生じた場合には、売主がその解決にあたることをあわせて規定しています。

3 求償関係（12 Ⅲ）

売主が引き渡した製品の欠陥により第三者に損害等を生じた場合、当該第三者との関係においては、買主も契約上または製造物責任その他の法律上の損害賠償義務を負う場合があります（Ⅲ 2(2)参照）。その場合、買主は売主に対し、本条項案 2 項に定めた買主・売主間の責任分担と負担割合に基づく求償権を取得することになります。本条項案 3 項は、その際の求償権の範囲を明確化し、売主の補償義務を定めたものです。

4 免責規定（12 Ⅳ）

本条項案 4 項は、売主に対し、部品製造業者の抗弁（Ⅲ 1(4)参照）と同様

第3章　取引基本契約書

の抗弁を与え、一定の場合の免責を定めたものです。

Ⅲ　本条項案に関する留意事項

1　製造物責任の概要

(1)　位置づけ

　製造物責任法（平成6年法律第85号、以下、本項において単に「法」といいます）3条は、「製造業者等は、その製造、加工、輸入又は前条第3項第2号若しくは第3号の氏名等の表示をした製造物であって、その引き渡したものの欠陥により他人の生命、身体又は財産を侵害したときは、これによって生じた損害を賠償する責めに任ずる。」と規定して、製造物責任を定めています。

　不法行為（民709）や債務不履行（現民415）は、過失責任の考えに基づいており、加害者に故意・過失や帰責事由がなければ、その責任を問うことはできません。しかし、それでは製造物の欠陥によって損害を生じた場合、かならずしも被害者の保護が十分に図れない場合があることから、「欠陥」があれば加害者の責任を問うことが可能な製造物責任というあらたな類型が設けられたものです。

　このように、製造物責任は、民法上の過失責任の原則に対する特別法に位置づけられます。

(2)　製造物責任の要件

　製造物責任の責任主体は「製造業者等」に限られ、以下の三者のいずれかにあたる者が責任主体となります（法3Ⅲ）。

　まず、①製造業者、すなわち、当該製造物を業として製造、加工または輸入した者です。ここに「製造物」とは、「製造又は加工された動産」をいいます（法2Ⅰ）。次に、②いわゆる表示製造業者、すなわち、みずから当該製造物の製造業者として当該製造物にその氏名、商号、商標その他の表示（以下「氏名等の表示」といいます）をした者または当該製造物にその製造業者と誤認させるような氏名等の表示をした者です。たとえば、製品に「製

138

造元」「輸入元」といった表示をしたり、取扱説明書に自身の商標を付している販売業者等がこれにあたりえます。最後に、③いわゆる実質的製造業者、すなわち、当該製造物の製造、加工、輸入または販売にかかる形態その他の事情からみて、当該製造物にその実質的な製造業者と認めることができる氏名等の表示をした者です。たとえば、製品に「発売元」「販売元」といった表示をしている販売業者がこれにあたりえます。

　次に、製造物責任は、引き渡した製造物の「欠陥」によって他人の生命、身体または財産を侵害したときに生じます。ここに「欠陥」とは、「当該製造物が通常有すべき安全性を欠いていること」をいい、その判断に際しては、個々の事案に応じて、当該製造物の特性、その通常予見される使用形態、その製造業者等が当該製造物を引き渡した時期その他の当該製造物にかかる事情が考慮されることになります（法2Ⅱ）。このように、製造物責任は、加害者の故意・過失や帰責事由を問わないという意味では無過失責任ですが、あくまで、製造物に「欠陥」があることが必要ですので、結果責任を問うものではありません。

(3)　製造物責任の効果

　製造物責任を負う者は、他人の生命、身体または財産の侵害によって生じた損害の賠償責任を負うことになります。因果関係や賠償範囲について特別の定めはないため、相当因果関係（改民416）の範囲内の損害について賠償責任を負うことになります。もっとも、その損害が当該製造物についてのみ生じたときは、製造物責任は生じません（法3ただし書）。製造物責任は、歴史的に、拡大損害の填補を主な目的として発展してきたこと、拡大損害に至らない品質上の瑕疵については、契約責任によって救済できること等がその理由とされています。

(4)　免　責

　さらに、製造物責任は、製造業者等が、①当該製造物をその製造業者等が引き渡した時における科学または技術に関する知見によっては、当該製造物にその欠陥があることを認識することができなかったこと、もしくは、②当該製造物が他の製造物の部品または原材料として使用された場合にお

第3章　取引基本契約書

いて、その欠陥がもっぱら当該他の製造物の製造業者等が行った設計に関する指示に従ったことにより生じ、かつ、その欠陥が生じたことにつき過失がないことを証明したときには、免責されるものとされています（法4①②）。一般的に、前者は開発危険の抗弁と呼ばれ、後者は部品製造業者の抗弁と呼ばれます。

2　取引基本契約における製造物責任の取扱い

(1)　取引基本契約上の買主自身の損害について

　取引基本契約に基づいて納品された製品に契約不適合がある場合、納品を受けた取引基本契約上の買主が、取引基本契約上の売主に対し、その修理、代品の納品、代金の減額、損害賠償および契約の解除を請求できることは、**10Ⅱ**で説明したとおりです。

　さらに、その製品の契約不適合が「欠陥」にあたり、製造物責任の対象となる場合、買主は、売主が「製造業者等」にあたる限り、契約に基づく各種の請求に加えて、自分自身の損害について、取引基本契約上の定めにかかわらず、製造物責任に基づく損害賠償請求をすることができます。

　もっとも、買主の立場からは、製造物責任の要件を具備するかどうかを問わず、一切の損害についての賠償を売主から受けたいと考えるのが通常ですので、取引基本契約にその旨の条項を定めることが考えられますし、逆に、売主の立場からは、可能な限り、責任範囲を明確化し、これを限定する方向での条項を定めることが考えられます。

(2)　第三者の損害について

　これに対し、取引基本契約に基づいて納品された製品の「欠陥」により、当該製品を購入した第三者が拡大損害を被った場合、第三者は、当該製品の製造業者である取引基本契約上の売主に対し、直接、製造物責任に基づく損害賠償請求を行うことができます。また、自分にとっての売主である取引基本契約上の買主に対し、売買契約に基づく各種の請求を行うほか、買主が表示製造業者や実質的製造業者にあたる場合には、同じく、製造物責任に基づく損害賠償請求をすることができます。このように、取引基本

契約に基づいて納品された製品の「欠陥」により第三者に拡大損害を生じた場合、買主は、第三者から契約上の責任を追及されるほか、製造物責任の追及を受けることが考えられます。

(3) 複数の責任主体間の求償関係について

(ｱ)のとおり、取引基本契約に基づいて納品された製品の「欠陥」により、当該製品を購入した第三者が拡大損害を被った場合、当該第三者との関係においては、買主と売主の双方が責任主体となりえます。

このように、複数の責任主体があるときに、ある責任主体が自身の負担部分を超えて賠償義務を果たした場合、その超過部分について他の責任主体に対して求償権を行使することが可能となります。もっとも、買主の立場からは、厳密な意味では、製造物責任に基づく損害賠償義務の範囲に含まれないものも含めて、現実に支出を余儀なくされた一切の損害、費用についての補填を売主から受けたいと考えるのが通常ですので、取引基本契約にその旨の条項を定めることが考えられます。逆に、売主の立場からは、可能な限り、責任範囲を明確化し、これを限定する方向での条項を定めることが考えられることになります。

12 再委託禁止条項

I 条項案

第13条（再委託禁止）
1　売主は、その業務の全部又は一部を第三者に委託してはならない。ただ
し、あらかじめ買主の書面による承諾を得た場合はこの限りではない。
2　前項ただし書により第三者に委託した場合であっても、売主は、本契約
【及び個別契約】で負う責任を免れることはできない。

II 条項作成上のポイント

1 本条項案の目的

　法律上は、債務の全部または一部の履行を第三者に委託することを禁止
する特段の定めはないため[4]、売買契約においても、債務者（売主）は第三
者に対して自己の債務の全部または一部を委託することは原則として可能
です。
　もっとも、買主としては、売主の技術力や生産体制、コスト、信用性等
を勘案して選定しているのが通常であり、また、売主から第三者へ再委託
された場合に買主の機密情報が漏えいするリスクを伴うため、契約により、

---

4)　民法上「委託」に関する定めはありませんが、その法的性質については、
事務の処理を目的とする場合には委任（準委任）としての性質を有するのに
対して、仕事の完成を目的とする場合には請負としての性質を有するものと
考えられています（阿部・井窪・片山法律事務所編『契約書作成の実務と書
式』（有斐閣、2014）145頁）。委任契約については、今般の改正により、受
任者の自己執行原則が明記されました（改民644の2）。

142

売主の第三者への再委託を制限する必要性がある場合もあります。

そこで、取引基本契約書においては、本条項案1項のように、売主による目的物制作等の業務の全部または一部の再委託を禁止する条項が設けられるのが一般的です。

ただし、売主としては、多数の部品からなる製品の場合、技術的・生産体制上の制約または経営効率化の観点から、第三者へ委託をせざるをえない実情も想定されるところであり、かかる再委託すべてに買主の承諾を要求することは現実的でないことから、再委託制限を緩和する必要性があります。

そこで、売主としては、再委託につき買主の承諾が必要な範囲を、重要部品のみに絞るなどの再委託制限の緩和を検討すべきです。一定範囲については買主の承諾を得ずに再委託を行えるよう、たとえば、「売主及び買主があらかじめ別途合意する再委託の場合及び（あらかじめ買主の書面による承諾を得た場合はこの限りでない。）」との文言を追加することが考えられます。

2　再委託時の売主の義務

売主が目的物制作の全部または一部を第三者に委託した場合に、当該第三者の責めに帰すべき事由により、約定納期に遅滞しまたは製品が一定品質を有しなかった場合、売主は債務不履行責任を負うでしょうか。

当該再委託が契約により禁止されているにもかかわらず、売主が第三者を使用したという場合には、それ自体がすでに売主の債務不履行であるといえます。

また、仮に、当該再委託が許容される場合（再委託が制限されていないか、または、制限されているが買主の承諾を得た場合）であっても、売主は、合意内容や取引通念から定まる一定品質の製品を約定納期までに買主に引き渡すべき債務を負担しており、これを実現できなかった場合には、当該契約の意思解釈により、売主が当初負担した債務が履行されたと評価できる場合に限って、売主は債務不履行責任を免れうるものと考えられます（論点

第3章　取引基本契約書

体系判例民法 4・63 頁以下)[5]。

　この点、買主としては、第三者への再委託によって売主が契約上の責任を免れることができない旨を包括的に定めるほか、より明確に、再委託先の行為は売主の行為とみなし、売主は再委託先の行為に関しても買主に対し一切の責任を負う旨規定することが考えられます。

---

5)　債務者が履行のために使用した者の行為によって、債権者に損害が発生したとき、債権者は債務者に対し、債務不履行を理由として損害賠償請求をすることができるか、といういわゆる「履行補助者の過失」について、従来の支配的学説は次のような類型的処理を説いていました。

①　真の意味の履行補助者 (債務者の手足として行動する者) については、この者の故意・過失について、債務者は債務不履行責任を負う。

②　履行代行者 (債務者に代わって履行の全部または重要な部分を引き受ける者) については、(i)履行代行者の使用が禁止されている場合には、代行者を使用したこと自体がすでに債務者の故意・過失となる、(ii)履行代行者の使用が許されている場合には、代行者の選任・監督上の過失についてのみ債務者は責任を負う、(iii)履行代行者の使用につき禁止も許可もない場合には、代行者の故意・過失について、債務者は債務不履行責任を負う。

　上記従来の支配的学説には、①および②の区別のあいまいさや、②(i)は当該債務者自身の義務違反であり履行補助者の過失に関する議論ではない、などの問題点が指摘されています (民法Ⅲ144 頁以下)。現在の学説状況については、債務発生原因としての契約およびその履行過程に第三者の行為がどのように組み込まれ、評価されるのかという視点のもと、債務の内容が結果債務 (結果実現保証を含む債務) か手段債務 (結果実現保証を含まない債務) かによって分類する見解として、潮見佳男『契約責任の体系』(有斐閣、2000)等を参照ください。

13 権利義務の譲渡禁止

I 条項案

第14条（権利義務の譲渡等の禁止）
　買主及び売主は、本契約上の地位又は本契約に基づく一切の権利若しくは義務のいずれについても、相手方の事前の書面による承諾がなければ、譲渡又は移転その他の処分（担保権の設定を含む。）を行うことができないものとする。

II 条項作成上のポイント

1 概 要

　本条項案は、相手方からの事前の書面の承諾なく、取引基本契約上の地位および取引基本契約から発生する権利義務を譲渡等することを禁止する条項です。相手方からの承諾を「書面」によるものに限ることで、より明確な承諾がなければ、譲渡等をすることができないとすることが一般的です。また、債権に担保権を設定することは、担保権が実行されることにより、究極的には当該債権が第三者に移転することを意味し、ただちにその他の「処分」に含まれるものとはいえないので、契約上明らかにするために、担保権の設定がその他の処分に含まれることを明示しておくことが望ましいでしょう。

2 譲渡制限特約

　債務者の意図にかかわらず、自由に債権譲渡ができるという債権譲渡自

第3章　取引基本契約書

由の原則のもとにおいては、後述のとおり、債務者にとって弁済の相手方を固定できないなどの不利益が存するため、取引基本契約上に、譲渡制限特約を定め、債務者としてのリスクを軽減させておく必要があります。

　また、契約当事者間の義務として、取引基本契約上に定めておくことにより、契約の相手方に対し、損害賠償請求や解除等の契約上の責任を追及する可能性を示すことで（ただし、解除の可否については争いのありうるところであることは**第2章⑥Ⅱ**参照）、債務者に不利な債権譲渡をさせないという圧力をかける意味でも定めることが望ましいといえます。

3　債務引受禁止特約および契約上の地位の移転禁止特約について

　併存的債務引受であっても免責的債務引受であっても、債権者の関知しない債務者および引受人間での契約で行われる場合には、債権者の承諾が必要とされています。しかし、取引基本契約においては、念のため、譲渡禁止特約とともに、債務引受の禁止条項を定め、契約書上明らかにしておくことが望ましいでしょう。

　また、契約上の地位の移転についても、上記債務引受の場合と同様、民法上、契約の相手方の承諾が必要とされていますが、取引基本契約上、債権譲渡禁止条項および債務引受の禁止条項とともに、契約上の地位の移転を禁止する条項を設けておくことが通常です。

Ⅲ　本条項案に関する留意事項

1　債権譲渡

(1)　債権譲渡自由の原則とその不都合性

　民法上、債権者は、原則として、債務者の承諾なくして、自由に債権を譲り渡すことができることとされています（民466Ⅰ）。つまり、債務者は、みずからの意思とは関係なく、勝手に債権者が変更されてしまうというリスクを負っているのです。債権が譲渡されたとしても、債権の内容が変更されるわけではなく、債務者が履行すべき義務の内容に変わりはありませ

146

ん。しかし、債権の譲受人が、譲渡人に比べて厳しく権利の行使を行うという事実上の不利益が発生する可能性もありますので、履行すべき義務の内容が同一であるからといって、債務者が不利益を受ける場合がないというわけではありません。

また、債権の譲渡を債務者および第三者に対抗するためには、債務者への通知または債務者の承諾（第三者への対抗のためには、確定日付のある証書）が必要であるにすぎません（改民467ⅠⅡ）。すなわち、民法は、債権譲渡の際、債務者に対する通知または債務者の承諾により、債務者が債権者を認識できるようにすることで、債務者の保護を図っているにすぎないのです。債権が二重に譲渡されたり、債権が転々と譲渡されたりした場合、最終的な債権者が誰かが不明確になって発生する二重払いのリスクは、債務者が負担することになるのです。

なお、仮に債権が譲渡された場合であっても、債務者は、対抗要件具備時までに譲渡人に対して生じた事由をもって、譲受人に対抗することができることとされていますが（改民468Ⅰ）、上記の債権者の変更による事実上の不利益や二重払いのリスクを排除するものではありません。

このように、債権譲渡自由の原則は、債権者の変更による事実上の不利益や二重払いのリスクが債務者に存することは否定しえません。

(2) 譲渡制限特約による債務者の保護

民法は、当事者間において、債権譲渡を禁止し、または制限する旨の意思表示ができると定めています（改民466Ⅱ反対解釈）。そこで、債務者としては、みずからの意思とは関係なく債権を譲渡されないように譲渡制限特約を規定するのが通常かと思われます。

ただし、債務者は、譲渡制限特約を規定したからといって、債権が譲渡されること自体を防止できるわけではありません。民法上、譲渡禁止特約を締結した場合でも、債権の譲渡の効力は妨げられないとされており（改民466Ⅱ）、譲受人が譲渡制限特約の存在を知っていたり、または重大な過失によって知らなかった場合に限り、債務者は、その履行を拒むことができ、かつ、譲渡人に対する弁済等の債務を消滅させる事由をもって対抗す

ることができることとされているにすぎないのです（改民466Ⅲ）。

　もっとも、譲渡制限特約を規定することにより、供託が可能となりますし（改民466の2Ⅰ）、悪意重過失の譲受人との関係では、譲渡人に弁済することも可能となります。

2　債務引受

⑴　債務引受の種類

　債務引受には、引受人が、債務者と連帯して、債務者が債権者に対して負担する債務と同一の内容の債務を負担する併存的債務引受（改民470Ⅰ）と引受人が、債務者が債権者に対して負担する債務と同一の債務を負担するが、債務者が自己の債務を免れる免責的債務引受（改民472Ⅰ）があります。

⑵　併存的債務引受

　併存的債務引受は、債務者が債務を免れるものではなく、引受人があらたに同一の内容の債務を負担するにすぎず、債権者にとって不利益なものではありません。そこで、債権者、債務者および引受人となる者の三者間で行うことができることは当然として、債権者と引受人となる者との契約によって併存的債務引受を行うことができるとされています（改民470Ⅱ）。

　他方、債権者の関知しない債務者および引受人となる者との間の契約で行う場合には、債権者が引受人となる者に対して承諾をした時に効力を生じるとされています（改民470Ⅲ）。

⑶　免責的債務引受

　免責的債務引受は、引受人が同一の債務を負担したうえで、債務者が自己の債務を免れるものであり、債務者が変更するという、債権者にとってきわめて重要な事項（買主の支払能力は、売主にとって最も重要な事項といえます）が変更されるものであり、債務者にとっては、債務の負担から解放されるという利益をもたらすものです。そこで、債権者と債務者および引受人となる者の三者間で行うことができることは併存的債務引受と同様当

然ですが、債権者と引受人となる者との契約によって免責的債務引受をする場合には、債務者に通知することが必要とされています（改民472Ⅱ）。

債権者の関知しない債務者および引受人となる者との間の契約で行う場合には、債権者による承諾が必要とされています（改民472Ⅲ）。

3　契約上の地位の移転

契約の当事者は、債権または債務のみだけでなく、契約上の権利および義務を契約上の地位ごと他者に移転させることができます（契約上の地位の移転）。契約上の地位の移転は、債権譲渡および債務引受の双方を含むものです。つまり、契約上の地位の移転が生じた場合、契約上の地位を引き受けたものが新しい契約当事者となり、契約上の地位を移転した当事者は契約関係から離脱することとなります。契約上の地位の移転に伴い、契約から発生する債権債務が移転し、主たる債権債務のほか、付随的な債権債務、既発生の債権債務から将来発生する債権債務まですべて移転します。

このように契約上の地位の移転は、債権者および債務者の双方にとって、重要な事項の変更を伴うものですので、原則として[6]、契約の相手方の承諾が必要とされています（改民539の2）。

---

6)　なお、不動産賃貸者契約の賃貸人の地位の移転については、判例上、例外的に賃借人（契約の相手方）の承諾は不要であると解されています（改民605の3、最判昭和46年4月23日民集25巻3号338頁）。

149

14 不可抗力

I 条項案

第15条（不可抗力）

　暴風、豪雨、洪水、高潮、地震、落雷、地滑り、落盤、火災、騒乱、暴動、戦争、テロ、その他不可抗力による本契約及び個別契約の全部又は一部（金銭債務を除く。）の履行遅滞又は履行不能については、いずれの当事者も責任を負わない。

II 条項作成上のポイント

　天災や火災、戦争等の当事者が通常予見不可能な事情が発生した場合に、当事者の債務不履行責任を免責する内容の条項です。

1 不可抗力条項の目的

　民法419条3項は、金銭債務の不履行について、「不可抗力をもって抗弁とすることができない。」と規定しており、同項の反対解釈から、金銭債務以外の債務については、不可抗力の抗弁をもって債務不履行責任を免れると解されます。

　では、債務者免責の効果をもたらす「不可抗力」には具体的にどのような事由が含まれるのでしょうか。

　不可抗力とは、一般に、人の力による支配・統制を観念することができる事象か否かを基準として、外部から生じた原因であり、かつ防止のために相当の注意をしても防止しえない事由をいう、と説明されます（奥田昌

150

14　不可抗力

道『債権総論〔増補版〕』（悠々社、1992）125頁、プラクティス民法114頁）。

　典型的には、自然現象や社会現象、たとえば、洪水、台風、地震、津波、地滑り、火災、伝染病、海難、戦争、大規模騒乱があげられますが、その外延はかならずしも明らかではなく、実際の裁判例上はこのように限定された意味で用いられているわけではありません（民法Ⅲ140頁）[7]。

　そこで、債務者（売主）としては、不可抗力事由を具体的に定め、免責される範囲を明確にしておく必要があります。

　また、本条項案に定められた不可抗力による場合には債務者（売主）に損害賠償責任は発生しませんが、不可抗力事由が相当期間継続し、契約の目的を達成することが合理的に困難な場合には、契約関係からの解放を望む場合も想定されるため、当事者双方が契約解除できる旨規定しておくことも有用といえます。

7）　不可抗力概念の外延が不明確であることから、国際取引においては、不可抗力概念を回避し、以下のような条項が用いられることが通例です。
　　「当事者は，自己の義務の不履行が自己の支配を超える障害によって生じたこと及び契約の締結時に当該障害を考慮することも、当該障害又はその結果を回避し、又は克服することも自己に合理的に期待することができなかったことを証明する場合には、その不履行について責任を負わない。」（国際物品売買契約に関する国際連合条約79Ⅰ等。なお、同条約は一般に「ウィーン売買条約」と呼ばれています。平成20年条約第8号）。

第3章　取引基本契約書

2　不可抗力の事由

上記のとおり、具体的にどのような事由が不可抗力に該当するかがかならずしも明確でないため、契約条項において以下のような事情を不可抗力事由として例示することが考えられます。

① 天災地変

洪水、台風、地震、津波、地滑り、海難、風化、荒廃

② 人災

火災、爆発事故

③ 社会的事変

戦争、侵略行為、テロ、革命、内乱、暴動、大規模騒乱

④ 公権力の行使

法令・規則の制定・改廃、政府等による命令・処分・指導、政府による拘束・拘禁

⑤ 感染症、伝染病

SARS、鳥インフルエンザ

⑥ インフラ関連事象

電気・ガス・水道の供給停止・供給不足、公衆通信回線等の事故、全面的交通封鎖、通関・入港の遅延、輸送施設または港湾設備の使用不能、輸送機関または倉庫業者の保管中の事故

⑦ 資材・資源不足

石油の供給停止、原材料・資材の不足

⑧ 経済的事象

為替市場等の閉鎖、為替・運賃等の変動または高騰

⑨ 労働争議

ストライキ、サボタージュ、ロックアウト

⑩ 仕入れ先（再委託先）の債務不履行

⑪ その他、債務者（売主）による支配・統制の及ばない外部原因による場合

上記のうち、外部原因とはいえ、債務者側の事情によるもの（上記⑨労働

14 不可抗力

争議や⑩再委託先の債務不履行）については、債務者の帰責性が認定されるとの評価も可能であるため（プラクティス民法 115 頁）、債権者（買主）としては、同事由の削除を求めるか、内容の明確化を図るなどの対応を検討すべきです。

Ⅲ　本条項案に関する留意事項

　契約締結後にその基礎となった事情が、当事者の予見しえなかった事実の発生によって変更し、このために当初の契約内容に当事者を拘束することがきわめて苛酷になった場合に、不利益当事者に契約内容の改訂権もしくは解除権を認める法理（谷口知平＝五十嵐清編『新版注釈民法⑬　債権⑷契約総則〔補訂版〕』（有斐閣、2006）66 頁〔五十嵐〕）を「事情変更の原則」といいます。この原則の適用要件としては、

①　予見しえない事情の変更
②　事情変更が当事者の責めに帰することができない事由に基づくこと
③　契約どおりの履行を強制することが信義則に反すること

の 3 要件が一般にあげられますが、下級審判例では同原則の適用肯定例がみられるものの、最高裁判所においてはいまだ具体的判断として認容した例はなく、その適用（①予見可能性の評価）にはきわめて厳格な態度がとられています（最判平成 9 年 7 月 1 日民集 51 巻 6 号 2452 頁）。

　したがって、本原則が適用されうるのは、戦争やオイルショックによる著しいインフレ、バブル経済の崩壊による地価急落等、著しい社会的・経済的事変が生じた場合に限定されると考えるべきであり、こと訴訟に至った場合には、本原則の適用が肯定されるのはきわめて限定的であることに注意が必要です。

　本条項案は、同原則を定めるものではなく、また、上記のとおり、訴訟等に至った場合に、同原則の適用が肯定される場面はきわめて限定的です。

　もっとも、特に契約が長期間にわたり継続する場合（たとえば建設工事等）においては、契約当初の取決めどおりに当事者を拘束することが合理的で

第3章　取引基本契約書

ない場合もみられます。

　そこで、売主としては、当該事情が生じた場合に、買主と価格等を再交渉できる旨の条項を設けておくことも考えられます[8]。

---

8)　工事請負契約にかかる標準契約書では、以下のような条項が設けられています。

【公共工事標準請負契約約款（2017年7月25日版）25条6項】

　「予期することのできない特別の事情により、工期内に日本国内において急激なインフレーション又はデフレーションを生じ、請負代金額が著しく不適当となったときは、甲又は乙は、前各項の規定にかかわらず、請負代金額の変更を請求することができる。」

【民間（旧四会）連合協定工事請負契約約款（2017年12月版）29条(1)】

　「次の各号の一にあたるときは、発注者又は受注者は、相手方に対して、その理由を明示して必要と認められる請負代金額の変更を求めることができる。

　a～d　省略

　e　契約期間内に予期することのできない法令の制定もしくは改廃又は経済事情の激変などによって、請負代金額が明らかに適当でないと認められるとき。

　f　長期にわたる契約で、法令の制定もしくは改廃又は物価、賃金などの変動によって、この契約を締結した時から1年を経過したのちの工事部分に対する請負代金相当額が適当でないと認められるとき。

　g　中止した工事又は災害を受けた工事を続行する場合、請負代金額が明らかに適当でないと認められるとき。」

15 秘密保持

Ⅰ 条項案

第 16 条（秘密保持）
1　買主及び売主は、本契約並びに個別契約の内容及び本契約又は個別契約の履行に関連して知得した相手方に関する一切の情報（以下「秘密情報」という。）について、厳に秘密を保持するものとし、相手方の事前の書面による承諾がない限り、第三者に開示しないものとする。
2　買主及び売主は、秘密情報を本契約又は個別契約の履行に必要な範囲内においてのみ使用するものとし、相手方の事前の書面による承諾がない限り、本契約又は個別契約の目的以外に一切使用しないものとする。
3　前二項の規定は、次の各号のいずれかに該当する情報（個人情報を除く。）には適用されないものとする。
　⑴　知得時に公知であった情報又は知得後にその責めに帰すべき事由によらずに公知となった情報
　⑵　知得前から適法に保有していた情報
　⑶　知得後に、正当な権原を有する第三者より秘密保持義務を負うことなく適法に取得した情報
　⑷　知得した情報と無関係に独自に開発した情報
　⑸　買主及び売主が、書面により秘密情報から除くことに合意した情報
4　第 1 項にかかわらず、買主及び売主は、次の各号による開示を行うことができる。
　⑴　当該秘密情報の開示を受ける必要のある自己の役員及び従業員（以下「役員等」という。）並びに自己が起用する弁護士、公認会計士、税理士、司法書士等の外部の専門家（以下「外部専門家」という。）に対し、必要な範囲で開示する場合（ただし、役員等又は外部専門家が、少なくとも本条に定める秘密保持義務と同等の秘密保持義務を法令等又は契約等に

155

第3章　取引基本契約書

　　基づき負担する場合に限る。）
　⑵　法令等に基づき、政府、所轄官庁、規制当局、裁判所若しくは金融商
　　品取引所（外国政府、外国における同様の所轄官庁、規制当局、裁判所
　　及び金融商品取引所を含む。）により秘密情報の開示を要請され、又は義
　　務付けられた場合（ただし、当該法令等により禁止される場合を除き、
　　当該要請又は義務付けの事実を相手方に対して直ちに通知するととも
　　に、当該秘密情報の秘密管理性又は非公知性を維持するために合理的に
　　可能な手段を取る場合に限る。）
　5　買主及び売主は、本契約及び関連する個別契約の目的が終了した場合又
　　は相手方より求められた場合は直ちに、秘密情報及びその複製物を返還又
　　は廃棄するとともに、その旨認証するものとする。
　6　本条の規定は、本契約の終了後も○年間、引き続き効力を有するものと
　　する。

Ⅱ　条項作成上のポイント

1　秘密保持義務の対象となる情報の定義（16 Ⅰ）

　秘密保持条項では、秘密保持義務の対象となる情報（以下「秘密情報」と
いいます）を定義するとともに、秘密保持義務の具体的な内容を規定しま
す。Ⅲ1のとおり、秘密保持条項には、相手方に開示する自社の営業秘密
について、秘密管理性や非公知性を維持する目的と、営業秘密には該当し
ない情報を含めて、相手方に開示する情報について、契約による保護を図
る目的があります。
　したがって、秘密情報は、開示を予定している自社の営業秘密がもれな
く含まれるように定義する必要がありますし、開示者側からはより広く一
般的に、受領者側からはより狭く具体的に特定可能なものとなるよう定義
すべきことになります。
　本条項案1項では、開示者側の立場に立って、秘密保持義務の対象とな
る情報にもれがないよう、「相手方に関する一切の情報」というかたちでか

15　秘密保持

なり広い定義を用いています。

2　秘密保持義務の内容（16 Ⅰ Ⅱ Ⅴ）

　秘密保持義務の内容としては、秘密情報を「秘密」として保持する義務を課したうえで、開示者の事前の書面による承諾がない限り、秘密情報の第三者に対する開示を禁止するとともに、目的外使用を禁止するのが一般的です。なお、この場合の目的条項の定め方については、■において説明したとおりです。

　本条項案1項・2項もそのような一般的な内容を規定していますが、秘密情報のうち、ある特定の情報については、保管場所、保管・取扱方法等を指定するなど、より具体的な秘密保持義務の内容を規定する場合もあります。

　また、秘密保持義務の内容としては、受領者側に、目的終了後や契約終了後の秘密情報の返還や廃棄についての義務を課すのが一般的であり、本条項案5項はこれを規定しています。

3　秘密情報から除外される情報（16 Ⅲ）

　秘密保持条項では、秘密情報の定義には含まれるものの、秘密情報から除外される情報類型を定めるのが一般的です。本条項案3項も、秘密情報から一般的に除外される類型を列記するかたちとしています。なお、本条項案3項の柱書にあるかっこ内で、個人情報を除いていますが、これは個人情報については、個人情報保護法に基づく規制もあり、公知情報であるからといって、みだりに第三者に対する開示を許してはならないためです。

4　秘密保持義務が免除される場合（16 Ⅳ）

　秘密保持条項では、本条項案4項にあるとおり、秘密保持義務が免除される2つの場合が定められるのが一般的です。当事者の役職員や外部専門家に開示する場合（ここに、親会社や親会社の役職員が追加されることも少なくありません）と、法令等に基づいて、所轄官庁や裁判所から開示を要請ないし命じられた場合です。

157

第 3 章　取引基本契約書

　前者については、それらの者を、そもそも禁止される開示の相手方たる「第三者」の定義から除くというかたちで規定することも考えられますが、その場合には、別途規定を設けない限り、「第三者」から除外された者に対しては、秘密情報が無制限に開示されてしまうことにもなりかねない点に注意が必要です。本条項案 4 項 1 号では、秘密保持義務が免除される「役員等」と「外部専門家」のうち、秘密情報の開示が許される者を、開示を受ける必要のある者に限定したうえ、開示する情報の範囲を必要な範囲に絞り、かつ、それらの者が本条項案に規定する秘密保持義務と同等の秘密保持義務を負っていることを条件とすることで、二重三重のしばりをしています。

　後者については、とりわけ、行政機関からの秘密情報の開示要求は、かならずしも法的義務として開示を求められる場合だけではなく、行政指導の一環として要請される場合も少なくないことから、両方の場合を規定しています。加えて、行政機関や裁判所等からの要請ないし命令に従って秘密情報を開示する場合であっても、受領者が当該秘密情報の秘密管理性または非公知性を維持するために合理的に可能な手段をとることは可能であることから、そのような手段をとることを義務づけるとともに、開示者側でも何らかの手段を講じる機会を確保できるよう、開示者に対する通知義務を課しています。

5　秘密保持義務の存続期間（16 Ⅵ）

　秘密保持義務については、契約関係の終了後も一定期間は存続する旨の規定が設けられるのが一般的です。この秘密保持義務の存続期間をどの程度の期間とするかは、ケース・バイ・ケースですが、開示される秘密情報の重要性や陳腐化の程度との兼ね合いで必要な期間を定めることになります。

6　秘密保持義務違反の効果

　取引基本契約においては、当該契約に基づく義務の違反について、共通

の損害賠償条項等が設けられるのが通常であることもあり、本条項案では、秘密保持義務に違反した場合の効果について、特別の規定は設けていません。もっとも、秘密保持義務違反による損害の主張・立証は困難である場合が多いため、あらかじめ一定額の違約金を定めておく場合もあります。

Ⅲ　本条項案に関する留意事項

1　秘密保持条項の必要性

　取引基本契約のように、一定の期間継続することが予定されている契約関係にある場合、契約当事者は、相互にさまざまな情報を開示し、また受領することになりますが、そのなかには開示者の「営業秘密」が含まれる場合があります。

　営業秘密とは、秘密として管理されている生産方法、販売方法その他の事業活動に有用な技術上または営業上の情報であって、公然と知られていないものをいい（不正競争防止法2Ⅵ）、秘密管理性、有用性、非公知性が3要件とされています。そのため、秘密管理性や非公知性を維持するために、営業秘密は、常に秘密保持条項で守っておく必要があることになります。

　また、営業秘密には該当しない情報であったとしても、事業活動に関する重要な情報が、取引相手によって自由に利用され、あるいは第三者に開示され、ましてや一般に流布されることによる不利益は計り知れません。他の取引当事者との間の別の秘密保持契約に抵触してしまう場合も少なくないでしょう。取引基本契約に秘密保持条項がなければ、その信用や競争力を維持して事業活動を続けることは、到底できないといえます。

2　秘密情報の範囲の広狭についての開示者と受領者の利益衝突

　1のとおり、取引基本契約において秘密保持条項を設ける第1の目的は、やはり、開示者の利益を守ることにありますが、それと同時に、受領者が負う義務の範囲や内容を明確に定めることにより、受領者を保護して、受領された情報のスムーズな利用を可能にするという機能があることも見逃

第3章　取引基本契約書

せません。

　一般的に、情報を開示する開示者と情報を受領する受領者の間には、秘密保持条項の対象となる情報の範囲を広くするか狭くするかという点で利益衝突があります。そのため、秘密情報は、開示者からはより広く、受領者からはより狭く特定可能なものとなるよう定義されるのが通常です。もっとも、取引基本契約を締結するような場合には、双方の契約当事者が相互に情報を開示しあうケースも少なくありませんし、そのような場合、いずれの当事者も、秘密保持条項の対象となる情報の範囲がむやみに広がることは望みません。そのため、本条項案とは異なり、定義規定において、秘密保持義務の対象となる情報を「社外秘」「Confidential」等の表示がなされている情報に限ることも少なくありません。

　いずれにせよ、取引基本契約において秘密保持条項を作成する場合には、当該取引基本契約において自社が開示者となるのか受領者となるのかを、常に意識しておく必要があります。

3　営業秘密をめぐる法改正等

　営業秘密の保護をめぐっては、その侵害行為に対する抑止力の向上を目的として、2015年に不正競争防止法が改正されています。また、この改正に関連して、経済産業省は、「営業秘密管理指針」を全部改訂（2015年1月28日）して、秘密管理性の要件に求められる秘密管理措置の程度を明確化する試みを行っているほか、秘密情報の漏洩を未然に防止するためのより高度な対策について、「秘密情報の保護ハンドブック～企業価値向上に向けて～」（2016年2月）を公表しています。秘密保持条項の作成にあたっては、これらをふまえたうえで、当該取引基本契約において、必要かつ十分な内容にすることが重要です。

4　個人情報保護法との関係

　個人情報の保護に関しては、2015年に個人情報保護法が改正され、いわゆる5000人要件が撤廃されたことにより、個人情報を取り扱うあらゆる

15 秘密保持

事業者が、同法に基づく義務を負うことになりました。

　個人情報取扱事業者は、同法に基づき、一定の場合を除き、あらかじめ本人の同意を得ないで、個人データ（個人情報データベース等を構成する個人情報）を第三者に提供してはならないとされています（個人情報23Ⅰ）。また、その取り扱う個人データの漏えい等の防止その他の個人データの安全管理のために必要かつ適切な措置を講じなければならないとされており（個人情報20）、その従業者に個人データを取り扱わせる場合や、個人データの取扱いの全部または一部を委託する場合、当該個人データの安全管理が図られるよう、その従業者や受託者に対する必要かつ適切な監督を行わなければならないとされています（個人情報21、22）。さらに、個人情報保護委員会が2016年11月に公表した「個人情報の保護に関する法律についてのガイドライン（通則編）」（2017年3月一部改正）では、委託先に対する必要かつ適切な措置として、①適切な委託先の選定、②委託契約の締結、および、③委託先における個人データ取扱状況の把握が求められています。

　そのため、取引基本契約の契約当事者間においても、個人情報や個人データの安全管理が図られるよう、適切な秘密保持義務を課しておく必要があるほか、必要性が高い場合には、秘密保持条項とは別に、個人情報の保護や取扱方法に関する条項を設けることになります。

16 知的財産権

I 条項案

第17条の1（知的財産権の侵害）

1 売主は本製品について第三者の知的財産権を侵害していないことを保証する。

2 売主又は買主は、本製品が第三者の知的財産権を侵害する場合、又はそのおそれがある場合には、遅滞なく書面により相手方にその旨を通知しなければならない。

3 売主は、本製品が第三者の知的財産権を侵害していると第三者から主張され紛争が生じた場合には、自らの責任と負担において紛争を解決するものとする。ただし、当該侵害が買主の具体的指示に直接起因している場合はこの限りではない。

第17条の2（知的財産権の取扱い）

1 買主及び売主は、相手方から提示された図面、仕様書、試験データ、ノウハウ、アイデアその他の情報に基づいて発明、考案、意匠の創作、回路装置の創作又は著作物の創作（以下「発明等」という。）をなした場合には、速やかに相手方にその内容を通知し、その発明等に関する特許権、実用新案権、意匠権、回路配置利用権及び著作権（以下「本知的財産権」という。）の取扱いについて、両者協議の上、決定する。

2 買主及び売主間で本製品に関して共同研究又は共同開発が行われる場合、本知的財産権の成果の取扱いについては、別に買主及び売主が協議して定める。

16 知的財産権

Ⅱ 条項作成上のポイント

1 知的財産権の侵害に関する条項（17 の 1）

(1) 条項の趣旨について

売主が販売した製品が第三者の知的財産権を侵害している場合、買主が当該製品を使用したり転売したりする行為が違法となることがあります。このような事態を想定して、売主が第三者の知的財産権の非侵害を保証する規定、第三者の知的財産権の侵害が明らかになった場合に売主や買主が相手方に通知する規定、紛争解決の責任分担を明確にする規定をあらかじめ設けておくことがあります。

なお、知的財産権とは、特段の定めのない場合、知的財産基本法（平成 14 年法律第 122 号）2 条 2 項に規定される「知的財産権」（特許権、実用新案権、育成者権、意匠権、著作権、商標権その他の知的財産に関して法令により定められた権利または法律上保護される利益にかかる権利）をさすものと解されます。

(2) 非侵害の保証条項について（17 の 1 Ⅰ）

第三者の知的財産権を侵害する製品を使用または転売等する行為については、当該第三者から当該知的財産権に基づいて差止め等を請求される可能性があるため、売主にその販売する製品が第三者の知的財産権を侵害していないということを保証させることが考えられます（17 の 1 Ⅰ）。

知的財産権を侵害しないことを保証させることにより、買主としては、製品の使用・転売等という取引の目的を達成できるようになります。他方、売主としては、第三者の知的財産権を侵害していない製品という品質の保証を行うことになります。

また、取引基本契約に基づき買主が売主から購入した製品を顧客に販売しているというような取引において、万一対象製品が第三者の知的財産権を侵害していることが発覚し、買主が当該第三者や顧客から損害賠償請求を受けた場合、買主は、売主の保証規定違反を理由として紛争の解決を求めることができると考えられます。もちろん、保証に関する規定がない場

163

第 3 章　取引基本契約書

合であっても、改正民法のもとにおいて、当該製品が第三者の知的財産権
を侵害することについて売主に帰責性がある場合は債務不履行に基づく損
害賠償請求（改民 415）をすることができ、売主に帰責性がない場合でも追
完請求（改民 562）や代金減額請求（改民 563）、また解除事由がある場合に
は契約の解除（改民 541、542、543）をすることができますが、本条項案 17
条の 1 第 3 項のような規定とあわせて保証規定を設けることによって、第
三者が有する知的財産権の侵害が問題となった場合の、売主がとるべき包
括的な義務を規定することができ、万一の場合には、買主は、売主に対し
て、具体的事情によって定まる売主の具体的な義務違反を理由とした損害
賠償請求をすることが可能になります（知財高判平成 27 年 12 月 24 日判タ
1425 号 146 頁参照[9]）。

⑶　通知義務について（17 の 1 Ⅱ）

　次に、第三者から知的財産権を侵害している旨の警告書を受領するなど
して当該第三者の知的財産権を侵害しているおそれがあることが判明した
場合、相手方にこれを通知させることが考えられます（17 の 1 Ⅱ）。

　侵害警告は、対象製品を顧客等に販売する買主に対してなされる可能性
と、対象製品を製造しまたは他の買主にも販売する売主に対してなされる
可能性との両方が考えられます。そこで、警告書等を受領したことについ
て通知しあうという条項を設けることにより、取引基本契約の対象製品が

---

9)　同裁判例は、原告（控訴人、物品の買主）が特許権侵害を主張して、被告
（被控訴人、物品の売主）に対して非侵害保証条項に基づく損害賠償請求を
したところ、知財高裁は、権利侵害の成否は不明であるとして認めなかった
ものの、「被告は、物品に関して知的財産権侵害を理由として第三者との間
で紛争が生じた場合、自己の費用と責任においてこれを解決し、または原告
に協力し、原告に一切迷惑をかけないものとする。万一原告に損害が生じた
場合、被告はその損害を賠償する。」という条項に基づき、被告において技術
分析の結果を提供すべき義務、および、原告においてライセンス契約を締結
する場合に備えて合理的なライセンス料を算定するための資料を提供すべ
き義務の各義務違反を認めて、原告が支払ったライセンス料のうち一部（過
失割合は、原告が 7 割、被告が 3 割）につき相当因果関係ある損害として、
被告に賠償責任を認めたというものです。

164

第三者の知的財産権を侵害している可能性があることが発覚した場合、相手方もできるだけ早期にかかる事実を認識することができ、売主および買主がそれぞれまたはともに対応策を検討することが可能となります。

たとえば、第三者の商標権を侵害するおそれがあるのであれば対象製品のロゴを変更する、著作権を侵害するおそれがあるのであれば対象製品の宣伝文句や商品説明図・写真を変更する、意匠権を侵害するおそれがあるのであれば形状を変更する、第三者の商品の形態を模倣しているおそれがあるのであれば商品の形態を変更する、または、買主は対象製品の顧客への販売を中止する、売主は対象製品の製造を中止するもしくは買主への対象製品の販売を中止するなど、損害の拡大の防止に努めることも可能になります。

(4) 紛争対応について（17の1Ⅲ）

さらに、第三者が有する知的財産権について侵害に関する紛争が発生してしまった場合にどのように対応するかについてあらかじめ定めておくことが考えられます。

特に買主にとっては、このような紛争が生じた場合には、売主が責任をもって解決する旨を定めておくと安心です（17の1Ⅲ）。取引基本契約の対象製品が第三者の知的財産権を侵害しているとして買主が第三者から侵害警告を受けたり、訴訟提起されるなどした場合、対象製品の知的財産権に関する権利関係については売主しかわからず、買主はまったくわからないことが多いという点からすると、売主が実質的な紛争対応や訴訟対応を行うことが合理的といえます。また、売主が自己の責任で対象製品を製造し買主に販売しているという取引の実体からすると、売主が実質的な紛争対応・訴訟対応を行いその結果についても責任を負うというのが公平といえます。

ただし、売主による対象製品の製造にあたり買主が特別の指示をしていて、この指示が第三者の知的財産権の侵害の直接の根拠となっているというような事情があれば、買主が実質的な紛争対応・訴訟対応を行いその結果についても責任を負うというのが公平と考えられます。

第3章　取引基本契約書

　なお、侵害警告を直接受けたり、売主から侵害警告を受けた旨の通知を
なされることにより、買主も当該知的財産権の侵害のおそれについて知る
こととなるわけですから、警告以降においても対象製品の使用や転売行為
等を継続する場合には、買主自体がその責任を負う場合もあります。また、
知的財産権の種類や侵害態様によっては、売主・買主双方に責任が認めら
れる場合もあります。

2　知的財産権の取扱いに関する条項（17の2）
⑴　条項の趣旨について

　取引基本契約が予定している取引を通じて取得した情報を利用して、買
主または売主が発明、考案、意匠や著作物の創作をした場合に生まれる知
的財産権の取扱いについても、事前に取り決めておくことがあります。

　このような取決めをするにあたっては、取引基本契約で想定されている
取引によりどのような情報が開示され、買主・売主のどちらにどのような
知的財産権が発生する可能性があるかについて具体的に検討して、当事者
間でその取扱いを事前に定めておくことが重要といえます。

　このような取決めを定めない場合であっても、生じた発明等については、
各種知的財産法に基づいて権利の帰属が定まりますが、事前に検討して具
体的に取り決めることによって法律とは異なる権利関係をあらかじめ約束
できる点、または、事前に取扱いに関する体制を検討・構築できる点に、
本条項案17条の2の意義があります。

⑵　報告・協議義務について（17の2Ⅰ）

　知的財産権の取扱いに関する条項としては、発明等をした売主または買
主がそのことを相手方に報告し、両者で発明等により生じた知的財産権の
取扱いを協議して決定するという条項が考えられます（17の2Ⅰ）。本条項
案17条の2第2項に定めるような共同研究や共同開発が行われない限り、
相手方において、どのような発明等が行われたか把握することがむずかし
いためです。

　報告を受けたうえで知的財産権の取扱いについて両者間で協議を行うと

166

いうのは、たとえば、買主が対象製品に関するプログラムを改良したといっ
たような著作権の場合であれば著作者が創作行為をした時点で著作権が生
じますので、当該著作者から当該著作権の譲渡や当該著作物のライセンス
（使用許諾）を受けるかなどについて取り決めたりすることとなります。

　このように、どのような知的財産権が発生する可能性があるかについて
具体的に検討し、可能性について想定できるのであれば、契約の段階で具
体的な取決め内容を記載します。

　なお、売主としては、そもそも買主において対象製品に関する発明等を
行うことを禁止するために、プログラムの改変やリバースエンジニアリン
グを禁止する旨の条項や取引で得た情報を取引の目的以外に利用すること
を禁止する旨の条項等を入れる場合もあります。

3　共同研究・共同開発の場合について（17の2Ⅱ）

　また、買主および売主間で対象製品について共同研究や共同開発が行わ
れる場合には、どのような情報が開示され、買主・売主のどちらにどのよ
うな知的財産権が発生する可能性があるかについて具体的に検討して、当
事者間でその取扱いを事前に定めておくことがより重要となります（17の
2Ⅱ）。

　別途協議とする場合や、委員会を設置して発明等に対する貢献度を検討
する体制を事前に取り決める場合もあります。

　また、共同研究や共同開発の場合については、どちらか一方の契約上の
力関係が強く、アサインバック（発明等をした当事者が相手方に当該発明等に
かかる特許権等を無償で譲渡する規定）やグラントバック（発明等をした当事
者が相手方に当該発明等にかかる特許権等について無償の通常実施権を付与す
る規定）について契約書に規定する場合があります。このような規定を設
ける場合には、独占禁止法上の問題（競争制限的効果が認められる場合には、
拘束条件付取引（一般指定12項）、または、優越的地位の濫用（独禁2Ⅸ⑤ロ）
等）が生じる可能性があるので、留意が必要です。

17 中途解約

Ⅰ 条項案

第 18 条（中途解約）
　買主及び売主は、相手方に対して、解約予定日の 3 ヶ月前までに書面により通知することにより、本契約【及び個別契約】を解約することができる。

Ⅱ 条項作成上のポイント

　第 1 章❸で解説したとおり、取引基本契約の締結後、製品等の継続的な供給取引が順調に行われている間は、契約当事者間において特段の問題は生じないことが多いでしょう。

　しかし、その後の社会経済情勢の変化や技術の進歩等のマクロ的要因や、相手方の信用リスクの変化やコスト競争力のある第三者の出現等のミクロ的要因により、継続的取引を解消する必要性が生じることも多くあります。

　そこで、期間満了前に契約を解消できるようにしておくために設けられるのが、本条項案のような中途解約条項となります。

　なお、契約の自動更新条項については、**㉓**の解説をご参照ください。

Ⅲ 本条項案に関する留意事項

　第 1 章❸で解説したとおり、継続的契約の解消には、裁判例のすう勢のように当事者間の信頼関係が破壊されたなどのやむをえない事由を必要とする場合や信義則（民 1 Ⅱ）のような一般条項違反により処理する場合等、

168

17 中途解約

解消を制限する法的根拠については確定していない面も見受けられますが、いずれにせよ、継続的契約の解消について一定の制限が課される可能性があります。

そこで、実務においては、継続的契約の解消を正当化する1つの要因になりうる解約予告期間を定めることが多いです。本条項案では3か月間の予告期間を設定していますが、3か月間の予告期間を設定すれば、かならず継続的契約の解消が正当化されるわけではない点には注意が必要です。

そもそも、解約予告期間を設ける趣旨は、相手方当事者が、継続的取引関係を前提として事業計画を策定していたり、設備投資等をしている場合に、予告期間なしに解約されてしまうと予期せぬ損害を被る可能性があるため、かかる損害を回避する時間的猶予を与える、というものです。

したがって、解約予告期間は一律に決まるものではなく、当該継続的契約で想定されている取引における個別具体的事情を勘案して、相当な解約予告期間を決めていく必要があります。この点、一般的には、1年以下の解約予告期間が設けられ、それで解約予告期間としては相当であると解される事例が多いものと考えられます。

もっとも、特殊な事例ではありますが、家庭用配置薬の製造販売業者が、配置販売業者との契約を1年の猶予期間を設けて解約をしようとした事案において、相手方の取引上の利益に配慮した相当期間の猶予が必要であるとして、取引期間が100年以上にのぼり、取引依存度もきわめて高く、営業の規模も小さいといった例を念頭に置くと少なくとも解約申入れ後10年程度の期間は必要と解すべき、とされた裁判例（東京地判平成16年4月15日判時1872号69頁）もあるので、相当性については、想定される取引における個別具体的事情を勘案して、慎重に検討すべきでしょう。

なお、解約予告期間の設定にあたり、契約当事者間で下請中小企業振興法の適用がある場合は、同法の観点からも相当性が要請されている点も留意すべきでしょう（下請中小企業振興法3条1項に基づく振興基準第2の7）。

また、解約予告期間中における供給停止が債務不履行を構成することに言及する裁判例（東京地判平成18年11月16日公刊物未登載（平成17年(ワ)第

第3章 取引基本契約書

7698号))も存在するため、解約予告期間を設ける趣旨にかんがみ、解約予告期間中においても相手方の取引上の利益に配慮した対応が求められるでしょう。

	18	期限の利益の喪失

Ⅰ 条項案

第 19 条（期限の利益の喪失）
1　買主又は売主は、本契約又は個別契約の各条項に違反した場合、相手方
　からの請求により、本契約及び個別契約上の債務につき期限の利益を喪失
　し、相手方に対して、直ちにその債務を弁済するものとする。
2　買主又は売主は、次の各号のいずれかに該当した場合、何らの通知又は
　催告を要することなく当然に、本契約及び個別契約上の債務につき期限の
　利益を喪失し、相手方に対して、直ちにその債務を弁済するものとする。
　⑴　関係官庁から営業許可の取消し、停止等の処分を受けたとき
　⑵　支払の停止若しくは支払不能の状態に陥ったとき、又は振り出した手
　　形若しくは小切手に不渡りがあったとき
　⑶　破産手続開始、民事再生手続開始、会社更生手続開始、特別清算開始
　　の申立てがあったとき
　⑷　解散の決議をしたとき
　⑸　仮差押え、仮処分、強制執行若しくは競売の申立てを受けたとき又は
　　公租公課の滞納処分を受けたとき
　⑹　本契約又は個別契約に基づく金銭債務を履行しないとき
　⑺　その他財産状態が悪化し、又は悪化するおそれがあると認められる相
　　当の理由があるとき

Ⅱ 条項作成上のポイント

1 期限の利益とは

　契約当事者間で、たとえば、「今年の 11 月末日に支払う」ということを

第3章　取引基本契約書

定めた場合に、その期日のことを期限といい、期限が到来するまでの間、当事者が受ける利益（この例の場合、「今年の11月末日までは支払わなくてよい」という利益）を期限の利益といいます。

　期限は、債務者の利益のために定めたものと推定されます（民136Ⅰ）。また、債務者は、みずから期限の利益を放棄することができますが、これによって相手方の利益を害することはできません（民136Ⅱ）。

2　期限の利益喪失条項の必要性

　民法137条は、債務者が期限の利益を喪失する場合として、次の3つの場合を定めています。

①　債務者が破産手続開始の決定を受けたとき

②　債務者が担保を減失させ、損傷させ、または減少させたとき

③　債務者が担保を供する義務を負う場合において、これを供しないとき

　しかし、実際の取引においては、上記の場合に該当しない場合でも、債務者の信用を失わせるような事由が発生した場合（たとえば、債務者が他の債権者から執行を受けた場合等）は、もはや債務者に期限の利益を与える必要はなく、ただちに期限の利益を喪失させる（前記の例の場合、「今年の11月末日まで」という期限を失わせ、ただちに支払を行わなければならない状態にさせる）必要があります。

　そこで、取引実務では、民法所定の期限の利益喪失事由（失期事由）のほかにも、債務者に一定の事由が発生したときに期限の利益を失うことを特約することが広く行われています。

3　当然失期と請求失期について

　期限の利益喪失条項には、失期事由に該当した場合に、債務者に対する何らの通知または催告を要することなく当然に期限の利益を喪失するという当然失期事由と、該当事由が生じた場合に、債権者の請求により期限の利益を喪失するという請求失期事由があります。

このように2種類（2段階）の失期事由があるのは、債務者の信用喪失の程度、内容が軽微である場合には、失期させるかどうかを債権者の判断に委ねる余地があると考えられるためであり、本条項案においても、請求失期事由（19Ⅰ）と当然失期事由（19Ⅱ）とを設けています。もっとも、取引基本契約のなかには、当然失期事由だけを設けるものも少なくありません。

4　請求失期事由（19Ⅰ）

本条項案1項は、相手方が本契約の各条項または個別契約に違反した場合を、請求失期事由として定めていますが、これは、契約違反が比較的軽微である場合に、失期させるかどうかの判断を債権者に委ねるものです。

他方、売買契約を想定した場合には、買主による金銭債務は取引基本契約の中核的な債務ですので、その不履行については当然失期事由としています（19Ⅱ⑥）。

5　当然失期事由（19Ⅱ）

⑴　「関係官庁から営業許可の取消し、停止等の処分を受けたとき」

たとえば、医療機器の継続供給を目的とする取引基本契約を締結していた場合に、販売業者が当該医療機器を販売するために必要となる医療機器製造販売業の許可を取り消された場合等、相手方が関係官庁から営業許可の取消し、停止等の処分を受けた場合には、相手方の営業の存続そのものにきわめて重大な影響が生じますので、これを当然失期事由として定めておく必要があります。

⑵　「支払の停止若しくは支払不能の状態に陥ったとき、又は振り出した手形若しくは小切手に不渡りがあったとき」

支払不能とは、債務者が、支払能力を欠くために、その債務のうち弁済期にあるものにつき、一般的かつ継続的に弁済することができない状態（破2ⅩⅠ）をいいます。

支払の停止とは、支払不能を推定させる事実であり（破15Ⅱ）、弁済資金の融通がつかないために、一般的、継続的に債務を弁済することができな

い旨を明示または黙示的に表明する債務者の主観的な態度のことをいいます（最判昭和60年2月14日判時1149号159頁参照）。明示的な表明としては債権者に対する通知等、黙示的な表明としては夜逃げ等がこれに該当します。

手形・小切手の不渡りに関しては、手形交換所規則によれば、1回でも不渡りがあると不渡届が手形交換所に提出され、不渡報告に掲載されることになります。そして、1回目の不渡りから6か月以内に2回目の不渡りがあった場合には、銀行取引停止処分がなされます。

銀行取引停止処分を受ければ、それは資金繰りの破綻を意味しますが（その意味において、銀行取引停止処分の前提となる不渡手形を生じさせることは「支払の停止」に該当すると解されています）、1回目の不渡りの時点でも重大な信用不安が生じると考えられますので、債権者としては、その時点で期限の利益を喪失させる必要があります。

⑶ 「破産手続開始、民事再生手続開始、会社更生手続開始、特別清算開始の申立てがあったとき」

民法137条1号は、「債務者が破産手続開始の決定を受けたとき」を失期事由と定めていますが、債権者としては、破産手続のみならず、その他の法的倒産処理手続に関しても当然失期事由として定めておく必要があります。

法的倒産処理手続としては、破産手続開始、民事再生手続開始、会社更生手続開始、特別清算開始の申立てがあり（破産および特別清算は清算型手続、民事再生および会社更生は再生型手続と整理されます）、それぞれ破産法18条・19条、民事再生法21条、会社更生法17条、会社法511条に基づく手続になります。

本条項案2項3号で、期限の利益を喪失させる時期を、これらの手続開始の申立て時点としている（民法137条1号では、「破産手続開始の決定を受けたとき」となっています）のは、申立てがされた段階で債務者が倒産状態に陥ったことを推定できるため、債権者としてはただちに期限の利益を喪失させる必要があるからです。また、自己申立てであっても第三者申立てであっても失期させることができるようにするため、「申立てがあったと

き」という記載にしています。

　以上に対し、上記の法的倒産処理手続によらずに、多数債権者と債務者の合意により集団的に債権債務を処理する手続のことを、私的整理といいます。裁判例では、債務整理の委任を受けた弁護士が債権者一般に対して債務整理開始通知を送付する行為が「支払の停止」に該当するとしたものがあります（最判平成 24 年 10 月 19 日判時 2169 号 9 頁）。

⑷　「解散の決議をしたとき」

　株式会社が解散した場合には、清算をしなければなりません（会 475 ①）。清算会社は、清算が結了するまでの間、清算の目的の範囲内において権利能力を有するにすぎませんので（会 476）、解散の決議をしたことを当然失期事由として定めておく必要があります。

⑸　「仮差押え、仮処分、強制執行若しくは競売の申立てを受けたとき又は公租公課の滞納処分を受けたとき」

　仮差押え、仮処分、強制執行もしくは競売の決定がされた場合には、債務者の対象財産の処分には制約が加えられ、債権者の債権回収にとって重大な影響が生じる可能性があります。また、申立てがされた段階で早急な対応が必要となる場合もあると考えられますし、申立てが却下される場合もありますので、債権者としては、決定時点ではなく、申立時点において、ただちに期限の利益を喪失させる必要があります。

　公租公課については、督促があったときではなく、滞納処分を受けたときとするのが一般的です。

⑹　「本契約又は個別契約に基づく金銭債務を履行しないとき」

　本契約または個別契約に基づく金銭債務の履行は、買主の中核的な債務ですので、その不履行を当然失期事由として定めておく必要があります。

　本条項案 2 項 6 号では、買主による金銭債務の不履行のみを当然失期事由としていますが、そのほかにも、取引の内容・性質等に応じて重大な違反であると考えられる事項については、当然失期事由として定めておくことが考えられます。

第3章　取引基本契約書

⑺ 「その他財産状態が悪化し、又は悪化するおそれがあると認められる相当の理由があるとき」

　上述のとおり、期限の利益喪失条項は、債務者の信用を失わせるような事由が発生した場合に、もはや債務者に期限の利益を与える必要はなく、ただちに期限の利益を喪失させるというものですので、本条項案2項各号で具体的に定めた事由に該当しない場合であっても、債務者の財産状態が悪化し、または悪化するおそれがあると認められる相当の理由があるときには、期限の利益を喪失させる必要があると考えられます。

Ⅲ　本条項案に関する留意事項

1　解除事由との関係

　契約の解除には、民法の規定に基づく解除（法定解除）と契約当事者が規定した契約解除条項に基づく解除（約定解除）がありますが、約定解除では、たとえば、相手方の信用状態が悪化するなど、契約の継続が困難となる事由が発生した場合を解除事由として定める必要があることになります（**19**Ⅱ1参照）。

　そのため、本条項案の失期事由は、約定解除の解除事由と重複することが多いと考えられます。そこで、取引基本契約においては、本条項案のように、失期事由を定めてそれを解除事由において準用する（**19**Ⅱ3参照。あるいは、解除事由を具体的に定めたうえで、それを失期事由において準用する）のが一般的です。

2　「和議」「会社整理」等の修正必要性

　古い契約書では、「和議」、「会社整理」等を失期事由として定めているものがありますが、「和議」については民事再生法制定に伴い、「会社整理」については会社法制定に伴い、すでに廃止された制度ですので削除が必要です。現行法下では、本条項案2項3号により対応することになります。

19　解　除

Ⅰ　条項案

第20条（解除）
1　買主又は売主は、相手方に前条第1項に該当する事由が生じた場合、相手方に対し、相当の期間を定めて催告した上で、本契約又は個別契約の全部又は一部を解除することができる。
2　買主又は売主は、相手方に前条第2項各号に該当する事由が生じた場合、何らの通知又は催告を要することなく、直ちに本契約又は個別契約の全部又は一部を解除することができる。

Ⅱ　条項作成上のポイント

1　契約解除条項の必要性

　契約の解除とは、契約の当事者が有する解除権を相手方に対する単独の意思表示によって行使することにより、契約の効力を遡及的に消滅させることをいいます。ただし、取引基本契約等の継続的契約の解除については、継続的な契約関係を前提としていることから、解除により基本契約成立時に遡って契約関係を解消させるのは適切ではなく、性質上、将来効のみが認められていますので、留意が必要です（**第2章❸**Ⅱ1参照）。
　第2章❸で解説したとおり、改正民法では契約の解除に関する規定が大幅に変更されており、債権者が催告した後に相当期間が経過しても債務者が履行しなかった場合には、債務不履行が軽微でない限り、契約を解除することが可能であることや（改民541）、一定の事由に該当する場合には、

177

第 3 章　取引基本契約書

催告を要することなく契約を全部または一部解除することが可能であること（改民 542）等が規定されました（これらの法律の規定に基づく解除を、「法定解除」といいます）。

　もっとも、法定解除はあくまで債務不履行がある場合の解除を規定したものであり、債務不履行がない場合にまで解除権を認めるものではありません。また、法定解除では、無催告解除が認められるのは、改正民法 542 条に規定されている事由に該当する場合に限定されています。そのため、たとえば、相手方の信用状態が悪化するなど、契約の継続が困難となる事由が発生した場合にも、法定解除によっては催告解除、無催告解除を問わずに契約の解除をすることはできません。

　具体的には、「商品を毎月 10 日までに納品し、代金を翌月末日までに支払う」という内容の取引基本契約を締結していた場合に（仮に納期が 10 月10 日、代金支払時期が 11 月末日分の取引を想定します）、債務者（買主）の信用状態が悪化し、代金を 11 月末日までに支払ってもらえなくなる可能性が生じた場合であっても、債務者が履行遅滞に陥るのは 11 月末日が経過したときですから、債権者（売主）は、それまでは改正民法 541 条による催告解除はできません。また、単なる信用状態の悪化は改正民法 542 条に規定されている事由に該当しませんから、同条による無催告解除もできないことになり、債権者としては、商品を 10 月 10 日までに納品しなければならないことになります（ただし、相手方から反対給付を受けられないおそれが生じたことを理由として、自己の債務の履行を拒絶することができる場合もあると解されています。コラム「**不安の抗弁権**」参照）。

　そのため、取引基本契約においては、相手方の信用状態が悪化した場合等契約の継続が困難となる事由が発生した場合に、ただちに取引基本契約を解除することができるように、契約解除条項を定めておく必要があります（契約当事者の合意により定められた約定に基づく解除を、「約定解除」といいます）。

19 解 除

2 解除権者による解除の範囲の選択

解除権はあくまで解除権者の権利ですので、解除事由に該当する事由が生じた場合であっても、解除せずに契約を継続することもできます。特に、取引基本契約のような継続的な契約関係を前提とする契約では、相手方が解除事由に該当した場合であっても、相手方との関係性や相手方の状況等を考慮して、解除の範囲を個別契約にとどめることや、取引基本契約の一部にとどめることも、経営上の判断として十分ありえます。

そこで、本条項案では、1項、2項ともに「本契約又は個別契約の全部又は一部を解除することができる。」と規定しています。

3 催告解除と無催告解除について

約定解除の解除事由においては、相手方の信用喪失の程度、内容に応じ、相手方に対する何らの催告を要することなく解除することを認める無催告解除事由と、相手方に対する催告を要する催告解除事由の2種類が定められることがあります。

本条項案では、条項案19条の当然失期事由と請求失期事由を、それぞれ無催告解除事由と催告解除事由に対応させるかたちで準用しています（失期事由と解除事由の関係については、18Ⅲ1参照）。

コラム：不安の抗弁権

相手方から反対給付を受けられないおそれが生じた場合に、物の引渡しと代金支払が同時に行われる契約であれば、売主は買主から代金が支払われるまでは、物の引渡しを拒むことができます（このような権利を同時履行の抗弁権といいます（改民533本文））。

しかし、通常、売買契約では物の引渡しが先履行、代金の支払が後履行とされています（Ⅱ1の例ですと、商品を毎月10日までに納品し、代金を翌月末日までに支払うことになっています）。このような場合には、売主は同時履行の抗弁権を主張することができません（改民533ただし書参照）。

そこで、相手方から反対給付（代金の支払）を受けられないおそれが生じた場合に、そのことを理由にみずからの先履行（物の引渡し）を拒むことが

第 3 章　取引基本契約書

できるかが問題となり、通説はこれを不安の抗弁権として認めています。

　下級審判例では、「継続的売買契約の成立後、買主の代金支払能力が著しく低下し、売主においてその契約に従って目的物を供給していては、その代金回収を実現できない事由があり、かつ、後履行の買主の代金支払を確保するため、売主が担保の提供を求めるなど売主側の不安を払拭するための処置をとるべきことを求めたにもかかわらず、それが買主により拒否されている場合には、右代金回収の不安が解消すべき事由のない限り、先履行たる目的物の供給について約定の履行期を徒過したとしても、右売主の履行遅滞には違法性はないものと解するのが公平の原則に照らし相当である。」と判示したもの（東京地判昭和 58 年 3 月 3 日判時 1087 号 101 頁）等、不安の抗弁権を肯定する傾向にあります（ほかにも、東京地判平成 2 年 12 月 20 日判時 1389 号 79 頁、東京高判昭和 62 年 3 月 30 日判時 1236 号 75 頁等）。

　もっとも、不安の抗弁権については、どの時点での信用不安が問題となるのか、不安の抗弁権の効果はどの範囲で認められるかなど、その要件や効果等について学説上議論がなされています。信用不安が問題となる時点については契約締結後の信用不安に限られるとするのが多数であり、不安の抗弁権の効果については履行拒絶権に限られる（契約解除権までは認められない）と解するのが多数となっています。今般の民法改正においても、コンセンサス形成が困難であるとして、不安の抗弁権の条文化は見送られました（部会資料 80-3・32 頁参照）。

　この点、不安の抗弁権は、権利自体が否定されたものではありませんが、多数説を前提にすれば、不安の抗弁権に基づく契約の解除までは認められませんので、債権者としては履行の準備は行わなければならず、その他の契約条項にも拘束され続けることになります。そのため、債務者の信用不安が顕在化した場面では、債権者に契約解除権を認める解除条項が有用になってきます。

Ⅲ　本条項案に関する留意事項

1　民法改正に伴う対応の要否

　約定解除条項は、取引基本契約のうち最も基本的な条項の 1 つであり、

19 解 除

現行民法下においても、ほとんどの取引基本契約において定められていると思われます。

　民法改正により、解除制度は大きく変更されましたが、法定解除はあくまで債務不履行がある場合の解除を規定したものであり、また、無催告解除が認められるのは、改正民法 542 条に規定されている事由に該当する場合に限定されていますので、約定解除条項の必要性には何ら変わりはありません。また、解除制度の改正はあくまで法定解除事由に関する規定の変更ですので、約定解除条項の内容に影響を与えるものでもありません。

　そのため、民法改正による約定解除条項の修正等は特段必要ないものと考えられます。

2　解除が制限される場合

(1)　継続的契約という性質上の制限

　第 1 章 3 で解説したとおり、継続的契約の解消には、契約当事者間の信頼関係にかんがみ、一定の制限が課される可能性があります。

　このような制限は、継続的契約という性質上加えられるものですので、本条項案のように契約の解除条項自体には何ら制限が加えられていない場合であっても、このような制限を受けることに留意が必要です。なお、改正民法では、債務不履行が軽微である場合には解除権が制限されることが別途規定されています（改民 541 ただし書）。

(2)　倒産解除特約

　条項案 19 条 2 項 3 号では、「破産手続開始、民事再生手続開始、会社更生手続開始、特別清算開始の申立てがあったとき」を当然失期事由として規定し、本条項案 2 項においてもこれを無催告解除事由として準用しています（このような契約当事者が法的倒産手続に入ったことを解除事由とする特約を、「倒産解除特約」といいます）。

　もっとも、倒産解除特約については、その有効性が否定され、解除が認められないことがありますので、注意が必要です。

　すなわち、倒産解除特約の有効性については、判例・学説上議論があり

第 3 章　取引基本契約書

ましたが、判例では、会社更生手続において、「債権者、株主その他の利害
関係人の利害を調整しつつ窮境にある株式会社の事業の維持更生を図ろう
とする会社更生手続の趣旨、目的（会社更生法 1 条参照）を害するものであ
る」として倒産解除特約を無効と判断したもの（最判昭和 57 年 3 月 30 日民
集 36 巻 3 号 484 頁）、民事再生手続において、同様に、「民事再生手続の趣
旨、目的に反する」として倒産解除特約を無効と判断したもの（最判平成
20 年 12 月 16 日民集 62 巻 10 号 2561 頁）があります。

　上記判例の射程については学説上議論がありますが、会社更生手続およ
び民事再生手続（再建型手続）においては、倒産解除特約を規定したとして
も、無効と判断される可能性があります。他方、破産手続および特別清算
手続（清算型手続）について判断した最高裁判例はありませんが、清算型手
続においても同様に無効と判断される場合がありうることも否定できませ
ん。

　そこで、解除権者としては、倒産解除特約以外の解除事由がある場合に
は、当該解除事由による解除も検討すること等が必要になると考えます。

3　契約不適合による解除について

　改正民法下においては、契約不適合の場合の買主の救済手段の 1 つとし
て、契約の解除権があります（改民 564）。

　改正民法は、契約不適合の場合の担保責任について契約責任説の立場を
とったことから、契約不適合である目的物を納入した売主は、債務不履行
となり（**第 2 章 8** 参照）、債務不履行に基づき法定解除をすることができま
す。

　また、条項案 7 条は売主による品質保証義務を定めており、条項案 11 条
3 項も、契約不適合の場合の解除権の行使を認めていますので、売主が契
約不適合である目的物を納入した場合には、買主は、条項案 7 条に違反す
るものとして本条項案 1 項に基づく約定解除を行うことも可能です。

19 解 除

4 Change of Control 条項について

　取引基本契約においては、契約当事者の株主の変動や経営体制の重要な変更等が解除事由（ないし失期事由）として定められる場合があり、そのような条項は、Change of Control 条項といわれます。Change of Control 条項については、32をご参照ください。

20 損害賠償

Ⅰ　条項案

第21条（損害賠償）
1　売主又は買主が、本契約、個別契約又は付属契約に違反して相手方に損害を与えたときは、相手方に対して、その損害を賠償する責任を負う。
2　売主又は買主は、前項の規定により損害賠償の請求をすることができる場合において、次に掲げるときは、相手方に対し、債務の履行に代わる損害賠償の請求をすることができる。
　(1)　相手方の債務の履行が不能であるとき
　(2)　相手方がその債務の履行を拒絶する意思を明確に表示したとき
　(3)　本契約、個別契約又は付随契約が解除され、又は債務の不履行による契約の解除権が発生したとき

Ⅱ　条項作成上のポイント

1　債務不履行による損害賠償（21　Ⅰ）

　損害賠償条項は、債務者が債務不履行を犯した場合に、債権者に生じた損害を債務者において賠償すべきことを定めるものです。

　本条項案1項は、「債務者がその債務の本旨に従った履行をしないとき又は債務の履行が不能であるときは、債権者は、これによって生じた損害の賠償を請求することができる。」と定める改正民法415条1項本文の規定を反映させたものであり、債務不履行に基づく損害賠償に関して、改正民法と異なる要件を課したり、異なる効果を導いたりするものではありません。そのため、本条項案1項は、あえて規定する必要はないのですが、

184

取引基本契約でも本条項案1項のような損害賠償条項を定めることが通常です。そして、取引基本契約において想定される債務不履行は、取引基本契約それ自体のほか、個別契約や付随契約に関しても考えられることから、「本契約、個別契約又は付随契約に違反して」と規定しています。

本条項案1項のもととなっている改正民法415条1項に関する詳細は、**第2章2Ⅱ**を参照してください。

2 免責事由

改正民法415条1項ただし書によれば、債権者から債務不履行による損害賠償請求を受けた債務者としては、当該不履行が「契約その他の債務の発生原因及び取引上の社会通念に照らして債務者の責めに帰することができない事由」（免責事由）に基づくことを主張立証することにより（現行民法下では、「故意・過失及びこれと同視すべき事由」に基づかないことを主張立証することとされていました。改正の趣旨等に関しては、**第2章2Ⅱ2**を参照してください）、債務不履行責任を免れることができます。本条項案1項ではかかる定めを規定していませんが、改正民法415条ただし書による債務者の免責を否定するものではありません。この点、改正民法の規定に従って、免責事由について条項に定めることも考えられます。

また、改正民法415条1項ただし書は任意規定であるため、取引基本契約において、免責事由の有無によらず、債務不履行を犯した債務者に損害賠償責任を負担させることも可能です。その場合には、条項において、その旨を明確に規定することが必要です。

3 債務の履行に代わる損害賠償（21Ⅱ）

本条項案2項は、債務の履行に代わる損害賠償が認められる場合を定めた改正民法415条2項の規定を反映させたものです。同項の詳細については、**第2章2Ⅲ**を参照してください。

なお、「前項の規定により損害賠償の請求をすることができる場合において」と規定しているとおり、債務の履行に代わる損害賠償が認められる

第 3 章　取引基本契約書

ためには、本条項案 2 項各号のいずれかに定める要件が認められることに
加え、本条項案 1 項に基づき債務者に損害賠償責任が認められる必要があ
ります。

Ⅲ　本条項案に関する留意事項

1　民法改正に伴う対応の要否

(1)　改正民法 415 条 1 項について

　第 2 章 **2** Ⅱ 2 で述べたとおり、まず、債務不履行による損害賠償が認め
られる場面として、現行民法 415 条では「履行をしないとき」、「履行をす
ることができなくなったとき」と定められていたのが、改正民法 415 条 1
項本文「債務者がその債務の本旨に従った履行をしないとき」または「債
務の履行が不能であるとき」と明確にされました。もっとも、これは現行
民法 415 条の解釈を変更するものではありませんので、この点に関して、
民法改正による損害賠償条項の修正は必要ないといえます。

　また、改正民法 415 条 1 項ただし書では、債務者側が免責事由の存在に
ついて主張立証責任を負うこと、免責事由が契約の趣旨に照らして判断さ
れるべきことが規定されましたが、これらの点は、**第 2 章 2** Ⅱ 2 で述べた
ように、現行民法下での通説・判例の考え方が明確にされたものにすぎま
せん。もっとも、本条項案 1 項とは異なり、取引基本契約において、債務
不履行が「債務者の責めに帰すことのできない事由」に基づく場合には損
害賠償義務を負わない旨の定めが設けられているような場合には、改正民
法 415 条 1 項ただし書にあわせて、取引基本契約上の定めを変更すること
も考えられます。

(2)　改正民法 415 条 2 項について

　改正民法 415 条 2 項があらたに定めた債務の履行に代わる損害賠償が認
められるための要件については、これまでの判例・通説の考え方を規定し
たものではあるものの、現行民法において明確に規定されていなかったこ
とから、取引基本契約でも規定されていないことが一般的でした。たしか

186

に、あえて取引基本契約において規定せずとも、改正民法415条2項の規定が適用されるところではありますが、債務の履行に代わる損害賠償が認められる場合について契約書上も明確にするという観点から、取引基本契約に改正民法415条2項の規定を反映させることも考えられます。

(3) 改正民法416条について

　債務不履行による損害賠償が認められるためには、債務不履行と損害の発生との間に「因果関係」が認められることが必要です。この「因果関係」について定めたのが民法416条であり、**第2章2Ⅴ1**で述べたとおり、判例・通説は、同条について相当因果関係を定めた規定であると解釈しています。そして、現行民法では、「通常生ずべき損害」（通常損害）のほか、当事者が予見し、または予見することができた「特別の事情によって生じた損害」（特別損害）が賠償範囲に含まれるとされていたのに対し、改正民法では、同じく通常損害に加え、当事者が予見すべき「特別の事情によって生じた損害」が賠償範囲に含まれるとされました。もっとも、かかる改正も、債務者が現実に予見していたかという事実の有無ではなく、債務者が予見すべきであったかという規範的な評価を問題にしていた現行民法のもとでの考え方を条文上明確にしたものにすぎず、実務への影響は限定的といえます。また、取引基本契約では、本条項案1項のように、「契約に違反して相手方に損害を与えたとき」と定められることが多く、現行民法416条を意識して「契約に違反して、相手方に対し、当事者が予見し、又は予見することができた事情に基づく損害を与えたとき」と定められていることはあまり多くありません。そのため、この点に関して、民法改正にあわせて損害賠償条項を修正する必要がある場合はあまり多くないといえます。

2　損害賠償の範囲

　1(3)のとおり、改正民法416条によれば、債務不履行に基づく損害賠償の範囲に含まれる損害は、以下のとおり整理されます。

　①　通常生ずべき損害（通常損害）

　債務不履行に基づく損害賠償の範囲に当然に含まれる。

第3章　取引基本契約書

② 特別の事情によって生じた損害（特別損害）

当事者が特別の事情を予見すべきであった場合に限り、損害賠償の範囲に含まれる。

債務不履行による損害賠償を求める債権者としては、当該損害が「通常損害」または「特別損害」のいずれに該当するのかを主張立証し、「特別損害」に該当する場合には、「当事者が予見すべきであった特別の事情」によって生じたことを主張立証することとなります。この点、通常損害または特別損害のいずれに該当するかを判断する一般的な基準はなく、契約類型・事案ごとに判断せざるをえませんが、たとえば、売主の債務不履行により、買主が転売先に対して、転売契約に定められた違約金を支払った場合、かかる違約金相当額の損害は特別損害であると考えられます（**第2章❷Ⅴ3**参照）。また、ある損害が特別損害に該当する場合に、「当事者」とは誰をさすのか、いつの時点で予見すべきであったのか、という点については見解の対立があります。この点、判例・通説は、「当事者が予見すべきであった特別の事情」について、「債務者」が「債務不履行の時点」で予見すべきであった特別の事情と考えていますが、詳しくは**第2章❷Ⅴ3**を参照してください。

以上が改正民法416条の定めになりますが、同条は任意規定ですので、取引基本契約において、これとは異なるルールを定めることも可能です。たとえば、「通常生ずべき損害を賠償する責任を負う。」と定め、債務者の賠償範囲を限定することが考えられます。

3　損害賠償額の予定

債務不履行によってどのような損害が生じたのかにかかわりなく、取引基本契約において、損害賠償額をあらかじめ定めておくことも考えられます。このような定めがある場合、債権者としては、債務不履行の事実さえ証明すれば、損害発生の有無を立証せずとも予定された損害賠償額を請求することが可能とされています（大判大正11年7月26日民集1巻431頁）。そのため、損害賠償額を予定する条項には、債権者としては、損害の主張

立証の手間を省くことができ、かつ、契約で定められた一定額の支払を受けることができるというメリットがあります。他方、債務者としては、実損害額が高額にのぼった場合でも、契約で定められた一定額に損害賠償額を限定することができるというメリットがあります。

現行民法 420 条 1 項後段は、裁判所は、予定された損害賠償額を増減することができないと定めていましたが、改正民法では、同後段が削除され、予定された損害賠償額が増減額されうることが明確化されました。もっとも、改正民法 420 条は現行民法のもとでの通説・判例の考え方を条文上明確にしたものにすぎず、実務への影響は限定的であるといえます。

まず、予定された損害賠償額から減額される場合についてですが、これまでの裁判例でも、過大な賠償額が予定されていた場合につき、公序良俗違反（民 90）等を理由に、問題となっている部分を無効とするものが出ていました（東京地判平成 2 年 10 月 26 日判時 1394 号 94 頁、東京地判平成 9 年 11 月 12 日判タ 981 号 124 頁、東京地判平成 25 年 3 月 19 日 LEX/DB25512175、東京地判平成 25 年 4 月 26 日 LEX/DB25512349）。取引基本契約において損害賠償額をあらかじめ定める場合には、予定賠償額が過大であるとして、裁判所により減額される可能性があることは理解しておくべきでしょう。

これに対し、予定された損害賠償額が増額される場合について、取引基本契約に関するものではありませんが、航空運送約款による航空機事故における責任制限を公序良俗に反して無効とした大阪地判昭和 42 年 6 月 12 日判時 484 号 21 頁等があります。このように、あまりに少額の損害賠償額を定めた場合には、当該定めが無効となり、予定された損害賠償額が増額される可能性があることについても理解しておくべきでしょう。

また、以上のとおり損害賠償額が予定された場合であっても、債務不履行に関し、債権者に過失があったときには、特段の事情のない限り、裁判所は損害賠償責任およびその金額を定めるにつき、当該過失を斟酌すべきであるとされています（最判平成 6 年 4 月 21 日裁判所ウェブサイト）。そのため、債権者から予定された損害賠償額を請求された債務者としては、債務の不履行またはこれによる損害の発生もしくは拡大に関する債権者の過失

第3章 取引基本契約書

を主張立証して、当該損害賠償額の減額を図ることができます（過失相殺
については、**4**を参照してください）。

4　過失相殺

　債務者が債務不履行を犯した場合でも、債務の不履行またはこれによる
損害の発生もしくは拡大に関して債権者に過失があった場合、裁判所は、
これを考慮して、損害賠償の責任およびその額を定めるとされています（改
民418）。債権者から債務不履行に基づく損害賠償の請求を受けた債務者と
しては、以上に該当する事実を主張立証することにより、損害賠償額の減
額を図ることができます。

　この点、損害の発生について過失があった例としては、取引基本契約の
例ではありませんが、株式会社Aの従業員が、Aの小切手帳を利用してA
名義の小切手を偽造し、銀行の担当者に呈示したところ、一見すると偽造
であることが明らかであるにもかかわらず、小切手金額が当該従業員に支
払われたという事例をあげることができます（最判昭和58年4月7日民集
37巻3号219頁参照）。この場合、銀行には、Aとの当座勘定契約上の債務
不履行が認められますが、銀行としては、Aにおける小切手帳の管理上の
過失を主張立証して（Aの過失は、銀行の債務不履行には影響を与えておらず、
損害の発生に影響しています）、損害賠償額の減額を図ることができます。

　なお、現行民法418条は、債権者において、債務不履行について過失が
あった場合のみを定め、損害の発生や拡大について過失があった場合を定
めていませんでしたが、現行民法下でも、損害の発生または拡大に関する
債権者の過失を理由として過失相殺をする実務が定着していました。改正
民法は、かかる実務上の考え方を条文上明らかにしたものになります。

　過失相殺について、取引基本契約の条項に定めることも考えられますが、
あまり多くはありません。

5　金銭債務の特則

　金銭の給付を目的とする債務の不履行については、その損害賠償の額は、

債務者が遅滞の責任を負った最初の時点における法定利率によって定めることとされています（改民 419 Ⅰ本文）。取引基本契約の買主が代金債務の支払を遅滞した場合に、それによって売主が何らかの実損害を被った場合でも、買主は、代金債務の支払を遅滞した時点における法定利率によって定まる損害賠償額を支払えば足りることとなります。

この点、改正民法 419 条 1 項ただし書によれば、約定利率が法定利率を超える場合には、約定利率によることとされていますので、取引基本契約では、代金債務の履行遅滞に基づく損害賠償に関して、法定利率を超える約定利率を定めておくことが考えられます。

では、債務者である買主は、免責事由を主張立証して、損害賠償義務を免れることはできるのでしょうか。この点については、民法 419 条 3 項が、「債務者は、不可抗力をもって抗弁とすることができない。」と定めています。そのため、たとえば、金融機関のシステムに生じたトラブルにより、代金の支払ができなくなったとしても、買主は当該事情を主張して、代金債務の履行遅滞に基づく損害賠償責任を免れることはできません。この点、今般の民法改正に関する議論のなかで、金銭債務に関して不可抗力免責を認めてもよいのではないかという意見もありましたが、金銭債務は反復的かつ大量に発生することから、それにつき逐一、不可抗力を理由とする免責の可否を問題にすることは、紛争解決のコストを不必要に高めるおそれがあるなどの指摘がなされたため、改正法のもとでも現行民法の条項が維持されることとなりました（部会資料 68A・43 頁）。

民法が定める金銭債務の特則は以上のとおりですが、これらの点について、取引基本契約において別段の定めを設けることは可能です。

6　代償請求権

改正民法 422 条の 2 は、「債務者が、その債務の履行が不能となったのと同一の原因により債務の目的物の代償である権利又は利益を取得したときは、債権者は、その受けた損害の額の限度において、債務者に対し、その権利の移転又はその利益の償還を請求することができる。」と定めていま

第 3 章　取引基本契約書

す。あらたに設けられた規定ですが、判例（最判昭和 41 年 12 月 23 日民集 20 巻 10 号 2211 頁）・通説を明文化したものであり、実務に大きな影響を与えるものではありません。取引基本契約においては、改正民法 422 条の 2 のような規定を設けることも考えられます。

　代償請求権の具体的な場合としては、取引基本契約に基づき、売主の住所地に所在する倉庫に商品を引き取りに来てもらう方法により、買主に対して、継続的に商品を販売している売主が、買主に引き渡す商品を特定した後に（つまり、売主が商品を分離し、引渡しの準備を整えて、これを買主に通知したということです。「特定」については、**第 2 章 4 Ⅰ 1 のコラム**「**特定物債権・種類債権**」を参照してください）、商品を保管している倉庫が全焼し、保険会社に対して火災保険金請求権を取得したような場合が考えられます。この場合、買主としては、売主に対して、商品の引渡債務の履行に代わる損害賠償（改民 415 Ⅱ①）を求めることができることはもちろんのこと、その受けた損害額の限度で火災保険金請求権の移転（売主がすでに火災保険金の支払を受けている場合には、その利益の償還）を求めることができます[10]。

---

10)　なお、保険法における学説のなかには、保険金は保険料支払の対価として、保険契約を原因として発生したものであり、履行不能と同一の原因により発生したものではないという見解があります（プラクティス民法 75 頁）。

21 反社会的勢力の排除

I 条項案

第 22 条（反社会的勢力の排除）
1　買主及び売主は、相手方に対し、自らが、本契約の締結日において、暴力団、暴力団員、暴力団員でなくなった時から 5 年を経過しない者、暴力団準構成員、暴力団関係企業、総会屋等、社会運動等標ぼうゴロ又は特殊知能暴力集団等、その他これらに準ずる者（以下これらを「反社会的勢力」という。）に該当しないこと、並びに次の各号のいずれにも該当しないことを表明し、かつ、将来にわたっても該当しないことを確約する。
　(1)　反社会的勢力が経営を支配していると認められる関係を有すること
　(2)　自らの役員（取締役、執行役、業務を執行する社員又はこれらに準ずる者をいう。）又はその経営に実質的に関与している者が反社会的勢力に該当し、若しくはそれらの者が反社会的勢力と社会的に非難されるべき関係を有すること
　(3)　自ら若しくは第三者の不正の利益を図る目的又は第三者に損害を加える目的をもってするなど、不当に反社会的勢力を利用していると認められる関係を有すること
　(4)　反社会的勢力に資金を提供し、又は便宜を供与するなどの関与をしていると認められる関係を有すること
　(5)　反社会的勢力に自らの名義を利用させ、この契約を締結すること
2　買主及び売主は、相手方に対し、自ら又は第三者を利用して、次の各号のいずれに該当する行為も行わないことを確約する。
　(1)　暴力的な要求行為
　(2)　法的な責任を超えた不当な要求行為
　(3)　取引に関して、強迫的な言動をし、又は暴力を用いる行為
　(4)　風説を流布し、偽計を用い若しくは威力を用いて相手方の信用を毀損

193

第 3 章　取引基本契約書

　　し、又は相手方の業務を妨害する行為
　⑸　その他前各号に準ずる行為
3　買主又は売主が、次の各号のいずれかに該当した場合、相手方は、何ら
　の催告を要せずして、本契約を解除することができる。
　⑴　第 1 項の表明のいずれかが事実に反したこと
　⑵　前 2 項の確約のいずれかに違反したこと
4　前項により本契約が解除された場合であると否とを問わず、前項各号の
　いずれかに該当した者は、相手方に対し、前項各号のいずれかに該当した
　ことにより相手方に生じた一切の損害を賠償するものとする。
5　第 3 項により本契約が解除された場合、被解除者は、相手方に対し、解
　除により生じた自らの損害について一切何らの請求も行わないものとする。

　一般社団法人全国銀行協会が公表している「銀行取引約定書に盛り込む暴力団
排除条項参考例」、警察庁が公表している「売買契約書　モデル条項例」等を参考
に作成しました。

Ⅱ　条項作成上のポイント

1　排除の対象となる反社会的勢力の定義（22 Ⅰ）

　本条項案 1 項柱書では、排除の対象となる反社会的勢力の定義を定めて
います。この定義は、一般社団法人全国銀行協会が公表している「銀行取
引約定書に盛り込む暴力団排除条項参考例」（2011 年 6 月 2 日改正、以下「銀
行協会参考条項」といいます）における「暴力団員等」や警察庁が公表してい
る「売買契約書　モデル条項例」（以下「警察庁モデル条項例」といいます）
における「反社会的勢力」の定義に基づくものです。

　定義に含まれている「暴力団」、「暴力団員」、「暴力団準構成員」、「暴力
団関係企業」、「総会屋等」、「社会運動等標ぼうゴロ」、「特殊知能暴力集団
等」といった用語をさらに定義づける規定は設けていません。それらの用
語については、警察庁が公表している「組織犯罪対策要綱」（2014 年 8 月 18
日付通達（警察庁乙刑発第 11 号等））において定義されているところ、契約
当事者間で特段の合意をしない限り、契約当事者の合理的意思解釈とし

194

て、それらの定義と同様もしくはそれらに準ずる意義を有するものとして解釈されることになります。

2　表明および確約の対象となる事項（22Ⅰ）

本条項案1項は、買主および売主が、相手方に対し、① 契約時点において反社会的勢力に該当しないことを表明するとともに、将来にわたって反社会的勢力に該当しないことを確約したうえで、② 反社会的勢力の共生者ないし反社会的勢力と密接な関係を有する者でもないことを明らかにすべく、契約時点において、1号から5号に記載の事項にも該当しないことを表明するとともに、将来にわたっていずれにも該当しないことを確約する条項です。1号から4号は銀行協会参考条項に基づくものであり、5号は警察庁モデル条項例に基づくもので、名義貸し行為に関するものです。

たとえば、東京都暴力団排除条例18条1項は、「事業者は、その行う事業に係る契約が暴力団の活動を助長し、又は暴力団の運営に資することとなる疑いがあると認める場合には、当該事業に係る契約の相手方、代理又は媒介をする者その他の関係者が暴力団関係者でないことを確認するよう努めるものとする。」と定めているところ、上記の表明および確約に関する条項は、このような努力義務に応えたものです。

相手方が、本条項案1項に基づき、契約時点において、みずからが反社会的勢力に該当しないこと、および1号から5号に記載の事項に該当しないことを表明しない場合には、取引基本契約を締結せず、相手方との取引を謝絶することになります。

3　禁止行為（22Ⅱ）

本条項案2項は、銀行協会参考条項に基づき、買主・売主双方の禁止行為を定めたものです。ここに列記されている1号から4号の行為は、いずれも不法行為（民709）に該当するほか、強要罪（刑223）、脅迫罪（刑222）、暴行罪（刑208）、信用毀損罪（刑233）もしくは威力業務妨害罪（刑234）といった犯罪にも該当しうる行為ですので、わざわざそれらを禁止する条項を設

第3章　取引基本契約書

けなくても、そもそも違法であり、法律上、禁止されているといえます。

　したがって、それらの行為を禁止する旨の条項を取引基本契約に設ける主たる意味は、4のとおり、その違反による取引基本契約の即時解除を可能とすることにあると考えられます。

4　表明または確約違反の効果——即時解除（22Ⅲ）

　本条項案3項は、相手方が、本条項案1項の表明に違反する事実が取引基本契約の締結後に明らかとなった場合、ならびに本条項案1項および2項の確約のいずれかに違反した場合に、取引基本契約をただちに解除することができる旨（即時解除権）を定めた規定です。

　たとえば、東京都暴力団排除条例18条2項1号は、事業者に対し、その事業にかかる契約書を作成する場合、「当該事業に係る契約の相手方又は代理若しくは媒介をする者が暴力団関係者であることが判明した場合には、当該事業者は催告することなく当該事業に係る契約を解除することができること」を、特約として定める旨の努力義務を課しているところ、本条項案1項の表明および1項・2項の確約の違反について即時解除権を定めた本条項案3項は、このような努力義務に応えたものです。

5　損害賠償請求権（22Ⅳ）

　本条項案4項は、契約当事者の一方が、本条項案1項の表明ならびに1項および2項の確約のいずれかに違反した場合に、相手方に、それらの違反によって生じた一切の損害についての損害賠償請求権を認めたものです。本条項案2項の禁止事項は、そもそもそれらの行為自体が不法行為（民709）に該当することから、それによって生じた損害について損害賠償請求できるのは当然ですが、本条項案1項の表明および確約違反については、かならずしもそういえませんので、損害賠償請求権を明示的に定めておく意味があります。

　なお、警察庁モデル条項例では、違約金（損害賠償額の予定）としての支払義務を定めていますが、生じる可能性のある損害の額を相当程度予測で

196

21 反社会的勢力の排除

きるような場合には、有効な方法であると考えられます。

6 損害賠償請求の禁止（22 V）

本条項案 5 項は、取引基本契約を解除された反社会的勢力からの損害賠償
請求を認めない旨を定めたものです。本条項案 3 項の即時解除権は、あくま
で解除することができる権利であり、行使されなければ意味がありません。
相手方が反社会的勢力に該当することを理由として契約が解除された場合、
契約を解除された反社会的勢力に損害が生じたとしても、当該解除は何ら違
法なものではありませんので、そもそも損害賠償請求は認められません。そ
の意味では、本条項案 3 項は当然のことを定めた確認的な条項にすぎないと
もいえますが、実際上、反社会的勢力からの損害賠償請求をおそれて解除権
の行使を躊躇する事態も考えられるところ、本条項案 3 項を定めることでそ
のような事態を防ぐという点で、積極的な意味があるものと考えられます。

Ⅲ 本条項案に関する留意事項

1 反社会的勢力の排除に関する法整備

反社会的勢力の排除については、1991 年の暴力団員による不当な行為の
防止等に関する法律（以下「暴対法」といいます）の制定後、2007 年 6 月に
政府が公表した「企業が反社会的勢力による被害を防止するための指針」
において、反社会的勢力との「取引を含めた一切の関係遮断」が基本原則
の 1 つとして定められ、平素からの対応として、契約書や取引約款に、暴
力団排除条項として、①暴力団をはじめとする反社会的勢力が、当該取引
の相手方となることを拒絶する旨や、②当該取引が開始された後に、相手
方が暴力団をはじめとする反社会的勢力であると判明した場合や相手方が
不当要求を行った場合に、契約を解除してその相手方を取引から排除でき
る旨を盛り込んでおくことが有効であるとされたことから、上場企業を中
心に、企業が社内の標準として使用する契約書や取引約款への暴力団排除
条項の導入が進みました。

第3章　取引基本契約書

　その後、全国銀行協会、日本証券業協会、いわゆる不動産流通4団体（全
国宅地建物取引業協会連合会、全日本不動産協会、不動産流通経営協会、日本住
宅建設産業協会）、日本建設業連合会といった各種業界団体による各種参考
条項例の公表を経て、2011年には全国のすべての都道府県において、暴力
団排除条例が制定されるに至りました。

2　反社会的勢力に該当するか否かの調査実務

　取引相手が反社会的勢力に該当するのではないかという疑いは、当該相
手方の不審な行為や周囲の評判、インターネットへの書込み、当該相手方
が検挙・逮捕された際の新聞・テレビ等の情報等から生じることが多いと
考えられます。

　事柄の性質上、当該相手方にそれらの情報の真偽を確かめることにさほ
どの意味はない一方で、万が一、事実と異なる情報に基づいて、相手方を
反社会的勢力に該当するものとして扱ってしまった場合、契約の解除の有
効性を争われるほか、名誉棄損や風評被害も含めた逸失利益の損害賠償請
求を受けることも覚悟せざるをえません。そのため、取引相手が反社会的
勢力に該当するか否かの調査は、慎重かつ十分に行う必要があります。

　実務上は、商業登記簿等の公知情報、信用情報機関の提供する企業信用
情報、新聞・雑誌記事やインターネット検索から得られる情報、官公庁や
都道府県の処分情報、各種業界団体のデータベースから得られる情報等を
収集・確認・分析したうえで、警察や都道府県暴力追放運動推進センター
に相手方の属性について照会を行い、情報提供を受けることになります。

　警察からの情報提供は、警察庁が公表している「暴力団排除等のための
部外への情報提供について」（2013年12月19日付通達（警察庁丙組企分発第
35号、丙組暴発第13号））に基づいて、事業者が暴力団排除条例上の義務を
履行するために必要な範囲で、対象者の住所、氏名、生年月日等がわかる
身分確認資料および取引関係を裏づける資料等の提出を求めるとともに、
提供された情報を他の目的に利用しない旨の誓約書の提出を受けたうえで
行われます。

22 連帯保証

Ⅰ 条項案

第23条（連帯保証人）
1　○○（以下「本連帯保証人」という。）は、買主の連帯保証人として、本
契約及び個別契約に基づき買主が売主に負担する一切の債務につき、極度
額○円の範囲内で、買主と連帯して支払を保証する。

Ⅱ 条項作成上のポイント

1 一般的な留意点

　売主の立場からすると、買主の信用力に不安がある場合には、取引基本
契約により発生する売掛金の回収を確実なものとするために、買主の債務
の弁済について連帯保証をする連帯保証人を確保することが重要となりま
す。このような場合には、本条項案1項のような連帯保証人条項を規定す
ることがあります。

　保証責任の重大性の観点から、保証契約は書面でしなければ効力が生じ
ませんので（民446Ⅱ）、かならず本条項案1項のような規定を契約書に設
けたうえで、連帯保証人にも契約の当事者として署名押印をしてもらう必
要があります。

2 履行確保のための工夫

　買主が約定どおり代金の支払を履行せず、また、連帯保証人に保証債務
の履行を求めても、連帯保証人が任意に履行してくれない場合がありえま

第3章　取引基本契約書

す。このような場合、売主が買主や連帯保証人から代金を強制的に回収するためには、訴訟を提起して確定判決を得たうえで強制執行手続によるのが原則です。

　しかしながら、このような手続には時間も費用もかかるため、可能であれば、売主としては、このような手続を経ることなくできるだけ短い期間かつ少ない費用で権利を実現したいと考えるのが通常です。このような場合に有用な手段が公正証書です。すなわち、買主や連帯保証人との間で執行認諾文言が付された公正証書をあらかじめ作成しておくことで、売主は、訴訟手続により確定判決を得ることなく、ただちに買主や連帯保証人に対して強制執行の手続を開始することができます。

　このような観点から、以下の条項案23条2項のように、売主が請求した場合には、買主や連帯保証人に執行認諾文言付公正証書を作成しなければならない義務を定めておくことが考えられます。

第23条（連帯保証人）
　2　買主及び本連帯保証人は、売主が請求したときは、売主とともに、本契約及び個別契約に基づく買主の債務についての強制執行文言付公正証書の作成手続をしなければならない。
　3　買主は、前項の公正証書作成に要する費用を負担する。

3　改正民法の留意点その1──極度額の定め

　第2章5で解説したとおり、改正民法では、個人が保証人となる根保証全般について、保証人は一定の金額（極度額）の範囲内でのみ責任を負い（改民465の2Ⅰ）、極度額を定めない場合には、無効とされることになりました（改民465の2Ⅱ）。このため、改正民法が施行された後はかならず極度額の規定を設けておく必要があります（改正民法の施行日前に保証契約が締結されている場合には、現行民法が適用されますので（改民附則21Ⅰ）、極度額の定めがなくても無効にはなりません）。

　また、改正民法においては、個人が保証人となる根保証全般について、

22 連帯保証

①保証人の財産についての強制執行等の申立て、②保証人についての破産開始手続の決定、③主債務者または保証人の死亡を元本の確定事由とされることになりました（改民465の4Ⅰ）。このため、契約上の規定の有無にかかわらず、上記①〜③の事由が生じれば元本確定の効果は生じますが、当事者間でかかる元本確定事由を明確に認識できるよう以下の条項案23条1項のような条項を設けることが考えられます。

第23条（連帯保証人）

1　○○（以下「本連帯保証人」という。）は、買主の連帯保証人として、本契約及び個別契約に基づき買主が売主に負担する一切の債務につき、極度額○円の範囲内で、買主と連帯して保証する。なお、以下の事由が生じた場合、連帯保証契約における買主の売主に対する債務の元本は確定するものとする。

　(1)　売主が本連帯保証人の財産について金銭の支払を目的とする債権についての強制執行又は担保権の実行を申し立てたとき（ただし、強制執行又は担保権の実行の手続の開始があったときに限る。）

　(2)　本連帯保証人が破産手続開始の決定を受けたとき

　(3)　買主又は本連帯保証人が死亡したとき

4　改正民法の留意点その2──情報提供義務

(1)　情報提供義務その1

　改正民法では、主債務者が事業のために負担する債務について個人に保証を委託する場合には、主債務者は、保証人に対して、①財産および収支の状況、②主たる債務以外に負担している債務の有無ならびにその額および履行状況、ならびに、③主たる債務の担保として他に提供し、または提供しようとするものがあるときは、その旨およびその内容に関する情報を提供しなりればなりません（改民465の10Ⅰ）。このため、主債務者が個人に保証を委託する場合には、保証人が情報提供義務の履行を受けたことを明確にして後の紛争を防止するため、買主は保証人に上記①〜③の情報提供を行ったうえ、以下の条項案23条4項のように、このことを契約上で明

201

第3章　取引基本契約書

記しておくことが考えられます。

第23条（連帯保証人）

4　本連帯保証人は、買主から、本契約締結までに以下の事項に関する情報の提供を受けたことを確認する。

(1)　財産及び収支の状況

(2)　主たる債務以外に負担している債務の有無並びにその額及び履行状況

(3)　主たる債務の担保として他に提供し、又は提供しようとするものがあるときは、その旨及びその内容

---

(2)　情報提供義務その2

　また、改正民法では、個人・法人を問わず保証人が主債務者から委託を受けて保証した場合において、保証人から請求があった場合には、債権者は、保証人に対して、遅滞なく主債務者についての不履行の有無（元本だけでなく、利息その他の付随する債務の不履行を含みます）、残高および期限の到来の有無に関する情報を提供しなければなりません（改民458の2）。このため、個人または法人が主債務者から保証の委託を受けて保証人となっている場合には、契約上の規定の有無にかかわらず、民法上、債権者には情報提供義務が課せられますが、当事者間でかかる債権者の義務を明確に認識できるよう、以下の条項案23条5項のような条項を設けることが考えられます。なお、上記情報提供義務に違反した場合の効果については、改正民法上明記されておらず、債務不履行の一般法理に従った損害賠償請求、保証契約の解除が想定されていると考えられますが、契約上情報提供義務を明記した場合には、保証契約違反として、損害賠償請求、保証契約の解除がより認められやすくなるものと考えられます。

第23条（連帯保証人）

5　売主は、本連帯保証人の請求があったときは、本連帯保証人に対し、遅滞なく、買主の債務の元本及び買主の債務に関する利息、違約金、損害賠償その他その債務に従たる全てのものについての不履行の有無並びにこれらの残額及びそのうち弁済期が到来しているものの額に関する情報を提供

しなければならない。

(3) 情報提供義務その3

　さらに、改正民法では、保証人が主債務者の委託を受けたか否かにかかわらず、保証人が個人である場合には、債権者は、主債務者が期限の利益を喪失した場合には、その事実を知った時から2か月以内に保証人に対して通知しなければなりません（改民458の3Ⅰ）。このため、保証委託の有無にかかわらず個人が保証人となっている場合には、契約上の規定の有無にかかわらず、民法上、債権者には通知義務が課せられますが、当事者間でかかる債権者の義務を明確に認識できるよう以下の条項案23条6項のような条項を設けることが考えられます。

　なお、上記情報提供義務に違反した場合の効果として、改正民法上、債権者は、保証人に対して通知までの間、期限の利益を失ったことによって生じるはずであった遅延損害金に対応する部分の保証債務の履行を請求することができなくなるとされています（改民458の3Ⅱ）。これに対して、契約上情報提供義務を明記した場合には、上記改正民法上の効果に加えて、保証契約違反として、損害賠償請求、保証契約の解除等が認められる可能性があります。

第23条（連帯保証人）
6　買主が期限内の支払を怠り期限の利益を喪失したときは、売主は、本連帯保証人に対し、このことを知った時から2ヶ月以内にその旨を通知しなければならない。売主がこの期間内の通知をしなかったときは、売主は、本連帯保証人に対し、買主が支払を怠り期限の利益を喪失した時から通知を現にするまでに生じた遅延損害金（期限の利益を喪失しなかったとしても生ずべきものを除く。）に係る連帯保証債務の履行を請求することができない。

5　改正民法の留意点その3──連帯保証人に対する請求の効果

　改正民法458条においては、保証人が主債務と連帯して債務を負担する

第3章　取引基本契約書

連帯保証の場合、連帯債務に関する改正民法 438 条から 441 条までの規定を準用するとしているため、連帯保証人について生じた、更改、相殺および混同についてのみ主債務者に対して効力が及びますが（改民 438〜440。絶対的効力）、連帯保証人に生じたそれ以外の事項については主債務者に対して効力が及びません（改民 441 条。相対的効力）。ただし、この絶対的効力・相対的効力のルールは任意規定ですので、当事者間で異なる合意により変更することが可能です（改民 458、441 ただし書）。このため、連帯保証人に対する請求について絶対的効力をもたせたい場合には、以下の条項案 23 条 7 項のような規定を設けることが考えられます。

第23条（連帯保証人）
7　売主による本連帯保証人に対する履行の請求は、買主に対しても、その効力を生じる。

---

23 有効期間

I 条項案

第24条（有効期間）
1 本契約の有効期間は、平成○年○月○日から○年間とする。ただし、期間満了の3ヶ月前までに両当事者のいずれからも書面による更新拒絶の意思表示のない場合、本契約は、同一の条件でさらに1年間更新されるものとし、以後同様とする。
2 本契約が期間満了又は両当事者いずれか一方による解約若しくは双方の合意による解約により終了したときに、すでに本契約に基づいて成立した個別契約があるときは、当該個別契約の買主・売主双方の履行が完了するまで、本契約の各条項は、なお効力を有するものとする。

II 条項作成上のポイント

1 有効期間（24 I 本文）

　取引基本契約に限らず、通常、契約においては、契約の有効期間を定めることが一般的です。これは、契約当事者において、契約期間に関する無用な争いを防止することで、契約当事者の期待や予測可能性を担保するという観点から、契約の有効期間を定めておくことが望ましいからです。このような趣旨からすれば、契約の有効期間については、始期と終期を明確に規定しておくことが必要でしょう。

　期間の定めのある契約は、期間の満了とともに、終了することが原則です（なお、期間の定めのない契約は、原則としては、「いつでも」契約を解除できると解されています）が、期間の定めがあったとしても、継続的契約の場合

205

第 3 章　取引基本契約書

には、当事者の期待に反するとして、判例上、解約が制限されている点に注意が必要です。継続的契約の解除については、**第 2 章❸Ⅴ 1**を参照してください。

2　自動更新条項（24 Ⅰただし書）

　契約に有効期間を定めた場合、有効期間が満了すれば、その契約は自動的に終了するのが原則です。しかし、取引基本契約は、継続的取引関係を基礎にしたものですので、契約が取り決めた期間で終了し、その都度あらたに契約を締結するというのでは、手続が煩雑となってしまいます。そこで、取引基本契約のような継続的な取引関係を想定している場合には、契約の有効期間が満了した場合であっても、自動的に契約の有効期間が更新されるように自動更新条項を定めておくことが一般的です。

　他方で、自動更新条項を定める場合、後述するように、更新拒絶が困難となるといったデメリットにも注意が必要です。このようなデメリットを排除するためには、「期間満了前に契約当事者が合意した場合は、同一の条件で更新される。」というように、自動更新条項ではなく、合意による更新を規定することも考えられます。

3　個別契約が残存する場合の基本契約の有効期間の延長（24 Ⅱ）

　取引基本契約に基づき、個別契約が成立している場合には、たとえ取引基本契約が終了したとしても、成立済みの個別契約の履行が完了するまでは、当該個別契約に対しては取引基本契約の効力を及ぼす旨を規定するものです。

　取引基本契約が期間の満了や中途解約により終了したとしても、すでに成立した個別契約が存在する場合には、各個別契約について取引基本契約で定めた事項を及ぼす必要がありますので、個別契約の履行が完了するまでは、取引基本契約が効力を失わないことを明示しておく必要があります。

Ⅲ　本条項案に関する留意事項

1　期間の計算

(1)　始期について

　民法上、期間の始期については、初日不算入の原則が採用されています（民140本文）。ただし、その期間が午前0時から始まる場合には、初日を算入することとされています（民140ただし書）。

　契約の始期を日付で特定した場合、期間は、その日付の午前0時から始まりますので、特定された日付を算入して期間を計算します。

(2)　終期について

　期間は、その末日の終了をもって満了するものとされています（民141）。ただし、期間の末日が日曜日、国民の祝日に関する法律（昭和23年法律第178号）に規定する休日その他の休日にあたるときは、その日に取引をしない慣習がある場合に限り、期間は、その翌日に満了するものとされています（民142）。

　また、期間を週、月または年によって期間を定めたときは、その期間は、暦に従って計算するものとされています（民143Ⅰ）。そして、週、月または年のはじめから期間を起算しないときは、その期間は、最後の週、月または年においてその起算日に応当する日の前日に満了し、応当する日がないときはその月の末日に満了します（民143Ⅱ）。たとえば、7月1日から3か月間と規定した場合には、3か月後の10月1日の前日の9月30日に満了することとなり、7月と8月が31日まであり、9月は30日までしかないことで区別しないで計算します。

2　更新拒絶

　規定した契約期間が満了した場合、その契約は自動的に終了するのが原則ですが、期間の定めのある継続的契約の更新拒絶については相当の予告期間を置き、かつ更新拒絶に合理的な理由がある限り認められると解され

第 3 章　取引基本契約書

ています（東京地判平成 20 年 9 月 18 日判時 2042 号 20 頁）。継続的契約の解約に関する詳細は、**第 1 章 3** の中途解約の条項を参照してください。

24 分離可能性条項

I 条項案

第25条（分離可能性条項）
　本契約又は個別契約の条項の一部が、理由の如何にかかわらず、無効若しくは違法と判断された場合においても、本契約又は個別契約のその余の規定の有効性及び適法性は、そのことにより一切影響を受けない。

II 条項作成上のポイント

　分離可能性条項は、契約の条項の一部が強行法規に反したり、契約締結後の法改正により無効になってしまったとしても、契約の条項すべてが無効となったり、その他の一部の規定が無効となったりするものではないことを明文化するものです。ただし、分離可能性条項が定められていたとしても、契約の根幹部分たる条項が無効となった場合に、契約を存続させることがかえって当事者の意向に沿わない場合には、契約全体が無効と判断される場合がありますので、分離可能性条項を定めたからといって、かならずしも契約が有効および適法に存続し続けられるわけではないことに留意が必要です。

III 本条項案に関する留意事項

　条項の一部が無効となった場合に、無効とされた条項をそのまま残しておいてよいのかという問題があります。条項の一部が無効となった場合に

第3章 取引基本契約書

備えて、念のため「条項の一部が無効若しくは違法となった場合には、契約当事者間で協議する。」など、当事者間で協議を行う旨を規定しておくことも考えられるでしょう。

25　完全合意条項

Ⅰ　条項案

第26条（完全合意条項）
　本契約は、本契約締結時における買主・売主間の合意の全てを規定するものであり、本契約締結以前における買主・売主間の明示又は黙示の合意、協議、申入れ、各種資料等は、本契約の内容と相違する場合には、その効力を有しない。

Ⅱ　条項作成上のポイント

　日本法上、契約は、両当事者間の意思の合致（申込みと承諾）により成立します。口頭であるか書面もしくは近年であればメール等であるかを問わず、意思の合致の媒体は、契約の成立には無関係です。契約書やその他の資料の存在は、両当事者間の意思の合致の存在を証明する証拠でしかありません。
　完全合意条項は、このような取引基本契約書以外の媒体による合意を排除するための条項です。契約の締結のためには、両当事者間で交渉が行われ、契約締結の前に覚書等を交わすことがありますが、取引基本契約締結時までの両当事者間の合意を排除することにより，取引基本契約書に定められた債務以外の債務を負うリスクを排除します。

第 3 章　取引基本契約書

Ⅲ　本条項案に関する留意事項

　日本の民事訴訟法では、事実認定や証拠の評価を裁判官の自由な心証に
ゆだねる「自由心証主義」（民訴 247）が採用されています。すなわち、契約
の解釈については、当事者の交渉の経緯等が斟酌される場合があります。
完全合意条項は、このような交渉の経緯等を事実認定や証拠評価から排除
するものであり、自由心証主義に反するものでないかが問題となります。

　また、完全合意条項は、もともと米国法における Parol Evidence Rule（外
部証拠ルール）という、当事者がある案件に関する合意事項をすべて含んだ
最終契約として締結したと認められる場合には、当該案件に関する最終契
約締結以前の合意には効力を認めないとするルール（青山大樹＝湯田聡「完
全合意条項の機能と効果」BUSINESS LAW JOURNAL 2013 年 4 月号 40 頁）が前
提となって規定されるようになった条項です。しかし、日本法においては、
米国法における Parol Evidence Rule（外部証拠ルール）に相当するルールが
存在しないため、日本法において、完全合意条項がどのような意義・効力
をもつのかが問題となります。

　完全合意条項について判断した裁判例は多くありませんが、完全合意条
項の存在を 1 つの理由として、契約書外の合意を否定したもの（東京地判
平成 18 年 12 月 25 日判時 1964 号 106 頁）、契約作成に弁護士が関与していた
ことをふまえて、完全合意条項の効力を認めたもの（東京地判平成 7 年 12
月 13 日判タ 938 号 160 頁）等があります。

26 契約終了後の効力存続条項の定め

Ⅰ 条項案

第27条（残存条項）
　本契約がいかなる事由により終了した場合においても、第○条、第○条……の規定は、引き続きその効力を有する。

Ⅱ 条項作成上のポイント

　取引基本契約が終了した場合、取引基本契約に定められた条項は効力を失うのが原則です。しかし、契約不適合の担保責任や秘密保持義務に関する条項等、契約の終了後にも効力が生じさせることを両当事者が求める条項もあります。このような条項については、「契約終了後に別途協議する。」と定めておくことも考えられます。しかし、両当事者の関係性が悪化して、取引基本契約が終了した場合には、協議により定めることもできないので、契約終了後にも効力を及ぼさなければならない条項については、あらかじめ契約締結時に定めておくことが望ましいでしょう。

Ⅲ 本条項案に関する留意事項

1 残存条項を定める条項

　どの条項について、残存条項を定めるかは、契約の目的、両当事者の関係等を総合的に判断することとなりますが、一般的には、以下の条項については、残存条項が定められることが多いです。

第3章　取引基本契約書

① 11条：契約不適合の担保責任（現行民法下では、瑕疵担保責任）

② 16条：秘密保持

③ 17条：知的財産権

また、当事者によっては、以下の条項につき、残存条項を定めることもあります。

④ 12条：製造物責任

⑤ 14条：権利義務の譲渡禁止

⑥ 21条：損害賠償

⑦ 28条：合意管轄

2　不公正な取引方法に該当する可能性

契約の終了後も、引き続き効力が残存するものとして定める条項を無期限、無限定に定めてしまうと、当事者の一方に有利に、もう一方に不利な取引となります。

自己の取引上の地位が相手方に優越していることを利用して、正常な商慣習に照らして不当に、取引の相手方に不利益となるように取引の条件を設定し、または取引を実施することは、「不公正な取引方法」に該当するとされており（独禁2Ⅸ⑤）、合理的な理由のない期間・範囲の残存条項を設けることについても、「不公正な取引方法」に該当する可能性があります。この場合、公正取引委員会より、残存条項に関する規定の削除等が命じられるほか、課徴金の納付を求められる可能性があります（独禁19以下）。

3　職業選択の自由等との関係

残存条項として競業避止義務条項を定める場合、その期間を定めるにあたっては、憲法の定める職業選択の自由（憲法22Ⅰ）に対する配慮が必要です。すなわち、競業避止義務条項が無限定になっている場合には、競業避止義務を負う主体が会社であっても個人であっても、職業選択の自由に対する配慮から、競業避止義務規定が公序良俗（改民90）に反し無効か否かというかたちで問題となることがあります。

26 契約終了後の効力存続条項の定め

　会社が負った競業避止義務について、対象となる営業を同種のものに限定し、期間を3年、対象地域を同一市内と限定したものについて、「営業の自由の制約等の不利益は、相当程度緩和されているものと認められる」として、公序良俗違反とはいえないとした裁判例があり（大阪地判平成22年1月25日判夕1320号136頁）、職業選択の自由に対する不利益の程度を考慮しています。また、会社ではなく労働契約上の退職後の競業避止義務については、債権者の利益、債務者の不利益および社会的利害の視点に立って、制限期間、場所的職種的範囲、代償の有無を検討し、合理的な範囲において有効であると判断されています（奈良地判昭和45年10月23日判時624号78頁）。

　競業避止義務を負う主体が会社であっても個人であっても、競業避止義務を残存条項として規定する場合には、このような裁判例を前提に、存続期間を「終了後1年間存続するものとする。」（主体が会社の場合には、1年〜3年とすることが多いです）と規定したり、対象となる事業を「○○（競業避止義務を負わせる会社の事業）と同種のもの」と規定したりして、有効期間や対象事業等を合理的範囲に限定して規定することが望ましいでしょう。

27 合意管轄

I 条項案

第28条（管轄裁判所）
　本契約及び個別契約に関する訴訟の第一審の専属的合意管轄裁判所は、○
○地方裁判所とする。

II 条項作成上のポイント

　契約に関連し紛争が生じ、紛争解決手段として訴訟手続を利用する場合、
当事者間で特段の合意をしていなければ、被告の普通裁判籍（法人の場合、
通常は、主たる事業所または営業所の所在地）の所在地、もしくは民事訴訟法
所定の地を管轄する裁判所に訴訟を提起することになります。また、財産
権上の訴え（取引基本契約に基づく訴えは財産権上の訴えにあたります）であ
れば、義務履行地にも裁判管轄が生じますし、不法行為に基づく紛争であ
れば、不法行為があった地にも裁判管轄が生じます（民訴4以下）。
　被告、つまり契約の相手方の普通裁判籍とみずからの住所地が同じもし
くは近い場合には問題ありませんが、遠隔地の場合には、訴訟を提起し、
期日に出頭するだけで費用がかかってしまいます。そこで、契約書上、専
属的合意管轄（民訴11 I）を定めておくことで、遠隔地で訴訟を提起し、
また、提起されないようにすることができます。ただし、専属的合意管轄
を定めた場合には、他の管轄は排除されることになりますので、自己に有
利な管轄が排除されるものでないかに留意する必要があります。

Ⅲ　本条項案に関する留意事項

1　合意管轄条項
⑴　「一定の法律関係に基づく」必要があること

　合意管轄を定める際には、「一定の法律関係に基づく」（民訴11Ⅱ）必要があるため、法律関係を特定する必要があることに注意が必要です。

　取引基本契約を締結する際、取引基本契約とは別途個別契約を締結することが通常ですので、取引基本契約に基づく訴訟と個別契約に関する訴訟を明示しておくことが望ましいでしょう。

⑵　合意管轄の種類

　合意管轄には、法定の管轄を排除して、特定の裁判所に専属的に管轄権を生じさせる「専属的合意管轄」と、法定管轄外の裁判所に付加的に管轄を認める合意である「選択的（付加的）合意管轄」があります。

　みずからが訴えを提起する場合は、選択的（付加的）合意管轄の合意をしておけば、みずからに有利な裁判所に訴えることができますが、相手方から訴えを提起される場合に、遠隔地の裁判所に訴えを提起されてはやっかいです。そこで、通常であれば、みずからの本店所在地を管轄する裁判所を専属的合意管轄にすることで、みずからに有利な裁判所でのみ訴訟を提起できるようにすればよいでしょう。

　裁判例においては、「競合する法定管轄裁判所のうち1つを特定して管轄裁判所とすることを合意し、そのほかの管轄を排除することが明白である等の特段の事情のない限り、当該合意は……競合的合意を定めたものと解するのが相当である。」と判示され（東京高決昭和58年1月19日判時1076号65頁）、他の管轄を排除することが明白でない限り、選択的合意であると判断しています（同様の趣旨の裁判例として、大阪高決平成2年2月21日判タ732号270頁）。選択的合意管轄である場合、法定管轄の裁判所にも訴訟を提起できることになりますので、当事者が、専属的合意を望むのであれば、このような裁判例の傾向をふまえ、専属的合意である旨（＝管轄を特定

第 3 章　取引基本契約書

の 1 つの裁判所とすることおよび他の管轄を排除すること）を明記しておく必
要があります。

　なお、管轄について専属的合意をした場合であっても、合意により管轄
が生じた裁判所は、訴訟手続の遅滞を避けるために必要である場合には、
他の法定の管轄裁判所に移送することもできます（民訴 17）。

2　専属的合意管轄に違反した訴え

　契約当事者のいずれか一方が、専属的合意管轄に違反して、訴えを提起
した場合、当該裁判所には管轄がないため、その訴えは不適法であり、却
下されることになります。

　しかし、仮に、被告が応訴した場合には、公共目的の実現を目的とした
専属管轄とは異なり、その裁判所には応訴管轄が生じ（民訴 12）、訴えは適
法となります。

28 誠実協議義務

Ⅰ 条項案

第29条（誠実協議義務）
　本契約若しくは個別契約に定めのない事項又は本契約若しくは個別契約の解釈の疑義については、買主及び売主間で誠実に協議の上、これを解決するものとする。

Ⅱ 条項作成上のポイント

　継続的な取引関係を内容とする取引基本契約では、契約期間も更新が繰り返されることにより、長期間になることが多いため、契約締結時には予想もできなかった問題が発生するおそれがありますので、取引基本契約や個別契約に定めなかった事項や契約の解釈について、当事者間で誠実に協議することを明示しておくことで、当事者間での穏便な解決をめざすものです。

Ⅲ 本条項案に関する留意事項

　契約書上、誠実協議義務を定めた場合に、法的にどのような意味をもつかが問題となります。裁判例においては、契約書上に誠実協議義務を定めた場合に、相互に誠実に協議する法的な義務を負うことを前提に、債務不履行責任を負うことを認めたものがあります（東京地判平成18年2月13日判時1928号3頁）。

219

29 最低取引量

I 条項案

第 30 条（最低取引量）
1 　買主は、各年 4 月 1 日から翌年 3 月末日までの間（以下「事業年度」という。）において、本製品を最低○個（以下「最低取引量」という。）購入しなければならない。なお、本契約が事業年度の途中で締結又は終了した場合は、最低取引量は日割計算で算出する。
2 　本製品の代金が売主に支払われたことをもって、前項における購入があったものとする。
3 　各事業年度において、第 1 項の最低取引量に達しなかった場合、買主は、売主に対し、実際の取引量と最低取引量との差に相当する代金相当額を支払う。
4 　売主は、買主に対し、各事業年度において、本製品を○個供給する義務を負う。

II 条項作成上のポイント

1 　最低取引量条項（30 I ）

　最低取引量を定める条項は、主に販売代理店契約において規定されることが多い条項であり、取引基本契約において規定されることはあまりありません。しかし、取引基本契約において、かならずしも規定されないというわけではなく、売主側の要望により、規定されることもあります。

　売主の商品について、買主に独占的な販売権を付与した場合、売主の商品の販売先は、買主のみに限定されることになります。そこで、売主とし

ては、買主に対して、一定の数量の商品を購入させることにより、安定的な収益を図りたいと考え、このような条項を定めることを望みます。

他方、買主としては、最低取引数を定められてしまえば、必然的に、商品在庫を抱えなくてはならなくなり、商品が売却できない場合のリスクを負うことになりますので、最低量の購入を努力義務としたり、最低購入量をできる限り少量にしたいというのが本音でしょう。

しかし、売主としては、最低取引量の条項を定めないのであれば、独占的販売権を非独占的販売権に変更したり、そもそも販売権を付与しないという選択肢をとることも考えられますので、最終的には、最低取引量条項を定めたうえで、最低取引量条項に対するペナルティの定め方（30Ⅲ）をどうするかということを考える必要があるでしょう。

2 購入の意義（30Ⅱ）

最低取引量条項を定めると同時に、最低量の購入の実効性を担保するために、代金が支払われた時点をもって「購入があったものとする。」と定めておくものです。

売買契約自体は、当事者間の意思表示のみで成立するため、当事者間の意思表示の合致があれば、売買契約が成立し、「購入」したといえるのが原則ですが、安定的な収益を図りたいという最低取引量条項を定める趣旨からすれば、実際に代金の支払いがあったことをもって、「購入」したとするほうが望ましいでしょう。

3 ペナルティ（30Ⅲ）

買主が最低取引量条項に違反した場合について、ペナルティを定め、最低取引量条項の実効性を確保するためのものです。選択肢としては、ペナルティを定めるか否か、ペナルティを定めるとして、どのような内容を定めるのかを考える必要があります。

まず、一切ペナルティを定めない場合、1項本文について「売主は、各年4月1日から翌年3月末日までの間（以下「事業年度」という。）において、

本商品を最低○個購入するように努める。」と定めたり、1項のなお書以下に「ただし、本項は法的拘束力を有しない。」と定めたりする方法が考えられます（販売代理店契約ではない一般の取引基本契約としては、前者の規定例の方が多いと思われます）。

　次に、ペナルティを定めるとして、売主の安定的な収益を図るという最低取引量の規定の趣旨からして、実際の取引量と最低取引量との差に相当する代金相当額を買主に支払わせるといったペナルティが考えられます。このようなペナルティの定め方は非常に明快であり、売主の利益は安定的に保証されることとなります。

　しかし、東京地判平成25年12月4日判時2245号52頁は、個別契約の締結が予定されていたこと等の理由から、「被告に対し最低発注数量や最低購入額を充足する本件商品を発注しなかったとしても、それにより原告が、損害賠償義務を負うとは解することができない。」と判示し、取引基本契約に基づいて損害賠償責任を負うことを認めませんでした。ペナルティとして、損害賠償責任を追及したい場合には、本条項案1項・3項のように、取引基本契約上、最低購入数量の義務を明示し、これに反した場合には、損害賠償義務を負うことを明示した条項にする必要があるでしょう。

　また、独占的販売権を非独占的販売権に切り替えるといったペナルティも考えられます。売主は、その商品を販売するに際して、買主に対して、独占的な販売権を与えるとともに、最低取引量以上の取引を義務づけることで、安定的な収益を図ることがあります。買主が最低取引量以上の取引を行わなかった場合、売主としては、安定的な収益を図るために、他の販路を確保することも考えられます。特に買主の財務状況がかんばしくない場合等には、実際の取引量と最低取引量との差に相当する代金相当額を支払わせるよりも、他の販路を確保したほうがより安定的な収益を望めることになるものと思われます。そこで、最低取引量違反のペナルティとして、独占的販売権を非独占的販売権に切り替えるといった定めを設けるわけです。

4 供給義務 (30 Ⅳ)

買主が一定の数量の商品を購入するためには、前提として、売主が一定の数量の商品を買主に対して納品することが必要です。そこで、売主の買主に対する供給義務の定めが設けられることがあります。

他方で、買主としては、最低購入数量を定めることの見返りとして、売主に対して、最低購入数量よりも多くの供給義務を課して、買主が安定して商品の販売を行えるようにすることも考えられます。

Ⅲ 本条項案に関する留意事項

1 競合品の取扱いの規定との関係

最低取引量に関する定めは、独占的販売権の付与と表裏一体の関係にあり、独占的販売権を与えた場合は、その見返りとして、買主側により加重した義務を課すことが一般的です。そして、独占的販売権を付与する場合に買主に課す義務の内容は、最低取引量条項のほか、競合品の取扱いを禁止する旨の条項を規定することが多いです。売主としては、売主の商品の販売に最大限の努力をしてほしいと考えますので、売主の商品と競合する商品を販売すれば、必然的に売主の商品の販売も希薄化してしまうため、このような条項を定めたいと思うのは通常のことでしょう。競合品の取扱いに関する規定も最低取引量に関する規定についても、契約書に規定する場合には、2の不公正な取引方法に該当する可能性がある点に注意が必要です。

2 不公正な取引方法の該当性

最低取引量に関する定めは、場合によっては、買主にとって、かなり負担になる場合があります。この点、自己の取引上の地位が相手方に優越していることを利用して、正常な商慣習に照らして不当に、取引の相手方に不利益となるように取引の条件を設定し、または取引を実施することは、「不公正な取引方法」に該当するとされており（独禁2Ⅸ⑤）、最低取引量に

関する定めを設けることも「不公正な取引方法」に該当する可能性があります。この場合、公正取引委員会より、最低取引量に関する規定の削除等が命じられるほか、課徴金の納付を求められる可能性があります（独禁19以下）。

　独占禁止法上問題となるか否かは、最終的には、売主と買主の関係、販売能力等の諸般の事情から、正常な商慣習からして不当なものでないかを判断する必要がありますが、最低取引量に関しては、以下の指針が参考になるでしょう。

　公正取引委員会による「流通・取引慣行に関する独占禁止法上の指針」（2017年6月16日最終改正）第3部・第2・2においては、「供給業者は、契約対象商品の一手販売権を付与する見返りとして、総代理店に対し」、「契約対象商品の最低購入数量若しくは金額又は最低販売数量若しくは金額を設定すること」については、「原則として独占禁止法上問題とはならない」とされています。

　また、最低取引量の条項のほか、競合品の取扱いに関する制限を定めた場合は、排他的条件付取引（一般指定11）や拘束条件付取引（一般指定12）に該当する可能性に注意が必要です。公正取引委員会による「流通・取引慣行に関する独占禁止法上の指針」第2部・第2・2⑵においては、「垂直的制限行為には、『市場における有力な事業者』によって当該行為が行われた場合に不公正な取引方法として違法となるおそれがあるものがある。」とされており、「『市場における有力な事業者』と認められるかどうかについては、当該市場（制限の対象となる商品と機能・効用が同様であり、地理的条件、取引先との関係等から相互に競争関係にある商品の市場をいい、基本的には、需要者にとっての代替性という観点から判断されるが、必要に応じて供給者にとっての代替性という観点も考慮される。）におけるシェアが20％を超えることが一応の目安となる。ただし、この目安を超えたのみで、その事業者の行為が違法とされるものではなく、当該行為によって『市場閉鎖効果が生じる場合』又は『価格維持効果が生じる場合』に違法となる。市場におけるシェアが20％以下である事業者や新規参入者がこれらの行為を行う

29 最低取引量

場合には、通常、公正な競争を阻害するおそれはなく、違法とはならない。」とされています。

30 環境条項

I 条項案

第 31 条（環境保護）
1　買主及び売主は、その企業活動において汚染、廃棄物、材料ロス等の排除及び省エネルギー、省資源、リサイクルに努めることにより、地球環境に与える負荷を軽減すること等を目的とする環境保全活動を推進する。また、売主は、買主の環境方針の主旨を理解し、材料・部品供給、廃棄物処理等に際して環境への配慮と事故等の防止に努める。
2　売主は、買主に対し、目的物が買主の定める書面（電子データを含む）等により通知した化学物質（以下「環境負荷物質」という。）中の禁止物質（以下「禁止物質」という。）に該当しないこと及び禁止物質を含有しないことを表明保証し、目的物の製造過程において禁止物質を使用しないことを誓約する。
3　売主は、納入した目的物が禁止物質に該当し、又は禁止物質を含有し、若しくは目的物の製造過程において禁止物質が使用されていることを知った場合、買主に速やかに通知する。
4　売主は、目的物が、環境負荷物質中の管理物質（以下「管理物質」という。）に該当し、又は管理物質を含有し、若しくは目的物の製造過程において管理物質を使用する場合には、買主への目的物の納入に先立ち、その旨を買主が定める書面（電子データを含む）等により通知する。
5　買主は必要に応じて売主の工場、事務所等及び売主の委託先に事前通知の上、立ち入り、本条の遵守の有無を確認するための検査等を行うことができる。売主は、買主が売主の工場、事務所等に立ち入り、当該検査を行うことを承諾するとともに、買主が売主の委託先に立ち入り、当該検査を行うことができるよう売主の委託先に徹底し、併せて売主の委託先への立ち入り、当該検査に支障のないように便宜を図る。

30 環境条項

6 売主が本条の規定に違反し買主に損害を与えた場合、売主は買主に対し
その一切の損害を賠償する。

Ⅱ 条項作成上のポイント

1 環境保全活動の推進等（31Ⅰ）

　本条項案1項は、契約当事者双方が、ともに環境保全活動を推進すべき
であることを規定しているほか、特に、売主については、買主の環境方針
に従って、材料・部品供給、廃棄物処理等に際して環境保護と事故防止に
努めるべき努力義務を課す規定です。契約当事者双方が環境保全活動を推
進すべきとする前段の規定は、その具体的な義務については努力義務を課
すにとどめています。

　環境に関する法令等の遵守を義務づける規定を設けることも考えられま
すが、本条項案1項では、各契約当事者がそれらの法令等は遵守している
ことを当然の前提として、より1歩進んだ環境保全活動を推進すべきこと
を規定しています。

2 禁止物質への非該当等（31Ⅱ）

　売主が買主に対し、目的物について、環境負荷物質のうち禁止物質への
非該当および禁止物質の非含有を表明保証するとともに、製造過程におけ
る禁止物質の不使用を誓約する規定です。

3 禁止物質についての通知義務（31Ⅲ）

　本条項案2項に規定されているとおり、売主は、目的物の禁止物質への
非該当および禁止物質の非含有を表明保証するとともに、製造工程におけ
る不使用を誓約しているところ、その違反によって買主の被る損害は莫大
なものとなるおそれがあります。また、そのような買主の損害は、時の経
過とともに拡大するものと考えられるため、違反の事実を可能な限り早期

第3章　取引基本契約書

に把握することが重要となります。本条項案3項は、そういった違反事実
の早期把握を可能とすべく、売主に違反事実の買主に対する通知義務を課
したものです。

4　管理物質の使用（31 Ⅳ）

　売主が買主に対し、目的物について、環境負荷物質のうち管理物質への
該当、含有、製造過程における使用について、あらかじめ通知義務を負う
規定です。

5　買主の検査権等（31 Ⅴ）

　本条項案5項は、売主による本条の遵守の有無を確認することを目的と
して、買主の検査権と買主による検査についての売主の協力義務を定めた
規定です。

6　損害賠償義務（31 Ⅵ）

　本条項案6項は、本条の義務違反の場合の事後的救済として、売主の損
害賠償義務を定めた規定です。

Ⅲ　本条項案に関する留意事項

　地球温暖化や環境・社会の持続可能性（サスティナビリティ）への意識の
高まりを受けて、事業者の環境保護、環境保全活動への取組みは、企業の
社会的責任（CSR）の一環として、必須のものとなりつつあり、取引基本契
約においても、本条項案のような環境保護に関する条項を設ける例が増え
ています。

31 表明保証その他の条項

I 条項案

第 32 条 (買主による表明保証)

買主は、本契約締結日において、売主に対し、次の各号に規定する事項が真実かつ正確であることを表明し、保証する。

(1) 買主は、日本法のもとで適法に設立され、有効に存続する株式会社であって、現在従事している事業を行い、かつ、本契約の締結及び履行のために必要な権利能力及び行為能力を有すること

(2) 買主による本契約の締結及び履行は、買主の事業目的の範囲内の行為であり、買主は本契約の締結及び履行につき、法令等上及び買主の社内規則において必要な一切の手続を履践していること

(3) 買主による本契約の締結及び履行は、①買主に対して適用される一切の法令等に反するものではなく、②買主の定款その他の社内規則に違反するものではなく、③買主を当事者とする契約その他の合意 (以下、総称して「契約等」という。) の債務不履行事由、解除事由又は期限の利益喪失事由 (以下、総称して「債務不履行事由等」という。) を構成するものではなく、④司法・行政機関の判決、決定、命令、裁判上の和解、仲裁判断、免許、認可、通達、行政指導その他の判断 (以下「司法・行政機関の判断」という。) に反するものではないこと

第 33 条 (売主による表明保証)

売主は、本契約締結日において、買主に対し、次の各号に規定する事項が真実かつ正確であることを表明し、保証する。

(1) 売主は、日本法のもとで適法に設立され、有効に存続する株式会社であって、現在従事している事業を行い、かつ、本契約の締結及び履行のために必要な権利能力及び行為能力を有すること

229

第3章　取引基本契約書

> ⑵　売主による本契約の締結及び履行は、売主の事業目的の範囲内の行為であり、売主は本契約の締結及び履行につき、法令等上及び売主の社内規則において必要な一切の手続を履践していること
>
> ⑶　売主による本契約の締結及び履行は、①売主に対して適用される一切の法令等に反するものではなく、②売主の定款その他の社内規則に違反するものではなく、③売主を当事者とする契約等の債務不履行事由等を構成するものではなく、④司法・行政機関の判断に反するものではないこと

Ⅱ　条項作成上のポイント

1　表明保証とは

　表明保証とは、一般的に、契約当事者の一方から他方に対して、契約の主体や対象物等の内容や状態について、真実であること等を表明し、保証することをいいます。

　一般的な製品の売買基本契約書においては、あえて表明保証条項まで入れていないというケースも多くみられます。

　表明保証を行う目的は、当事者間が契約締結時に前提としていた事実を明らかにしておき、その前提が満たされなかった場合に備えて、取引を解除できるようにしたり、損害賠償請求をしたりすることを担保しておくことにあります。

　表明保証の法的性質については、裁判例も少ないこともあって明確にはなっていません。一般的には、当事者間の約定に基づく損害担保契約の性質を有するものと考えられており（藤原総一郎編著・大久保圭ほか著『M＆Aの契約実務』（中央経済社、2010）152頁以下参照）、表明保証を行った者については無過失責任と考えられていますが、瑕疵担保責任や債務不履行責任等、近接する概念の規定が類推適用される可能性を考慮して、解釈の余地が生じうる事項については、契約上できる限り明確にしておく必要があります。また、表明保証を受けた者が、表明保証違反の事実について重過失

230

なく知らなかったということまで必要かという点についても議論がありますが、表明保証違反の事実を知らないことに重過失がある場合には、知っていた場合（悪意）と同視して表明保証責任を免れる余地を認めた裁判例（東京地判平成 18 年 1 月 17 日判時 1920 号 136 頁）もあるため、相手が表明保証をしているからといっても、簡単な調査を怠って表明保証違反の事実を見過ごしていたような場合には、表明保証責任を問えなくなる可能性があることには留意が必要です。

2　表明保証の対象

　表明保証の対象としては、通常の売買契約の場合には、当事者となっている会社自体が法律上有効に成立していることや当該契約について有効に締結および履行する権限を有していること等を対象とすることが考えられます。

　なお、本書の対象外ですが、株式譲渡契約等の M ＆ A に関する契約においては、株式の発行手続が有効になされていることや株式の帰属先が正確であること、財務諸表等が正確であること等、より細かい事項について表明保証の対象とされることがあります。

3　表明保証の範囲

　表明保証を行う際に、表明保証を行う側からすると、その範囲を極力限定しておきたいという意識が働きます。そのため、たとえば、「売主の知る限りで」や「売主の知りうる限り」という限定をつけることで、売主の認識している事項もしくは、認識可能な事項に表明保証の範囲を限定したりすることがあります。

　一方、表明保証を受ける側からすると、なるべく表明保証の範囲を広範にしたいという意識が働くため、できるだけ包括的・網羅的な規定にしようとします。

第3章　取引基本契約書

Ⅲ　本条項案に関する留意事項

1　表明保証違反の効果

　表明保証した事項について違反があった場合については、契約の解除や損害賠償請求によって対応することが想定されています。

　一般的には、表明保証条項を設けた場合には、解除事由や補償事由として表明保証に違反した場合を規定しておき、表明保証違反の効果を契約書上明らかにしています。ただし、表明保証に違反した場合に、常に解除や損害賠償請求が認められるわけではありませんので、注意が必要です（下記コラム参照）。

コラム：表明保証に違反した場合の裁判例

　表明保証に違反した場合、契約の解除や損害賠償請求で対応するのが一般的ということについては、本項で述べたとおりです。

　この点に関して、裁判で問題となった事例について紹介します。

　まず、補償の免責の有無が問題となった裁判例としては、大阪地判平成23年7月25日判時2137号79頁があります。

　これは、A社株式の譲渡契約を締結した後になって、A社について法人税等の申告もれが判明し、修正申告によって約2億3000万円について追加の納付が必要となったという事案です。この事案では、すでに開示されたものを除き、売渡人と税務当局の間で何ら紛争または見解の相違は生じていないなどといったこと等について表明保証がなされていました。

　この表明保証条項の違反を理由として、株式の買受人から株式の売渡人に対して、補償金の支払を請求しました。これに対して、株式の売渡人から、当該株式譲渡契約書においては、売渡人が明示的に表明保証の違反を構成する事実を開示したうえで株式を譲渡した場合は表明保証の責任を負わないという免責条項が存在しており、売渡人の従業員が、デューデリジェンスを担当していた弁護士に対して、法人税等の申告漏れの事実が記載された議事録を手渡していることが、免責条項に該当すると反論しました。裁判所も売渡人の主張を認め、売渡人の責任を否定しました。

また、表明保証違反の程度が問題となった裁判例としては、東京地判平成23年4月19日判時2129号82頁があります。

この事案では、まず、売主が、売主の100%子会社Aの全株式を買主に対して譲渡する際に、A社は、A社が第三者と締結している契約について、A社の事業、経営、資産、義務もしくは債務またはその見通しに重大な悪影響を及ぼす可能性のある債務不履行が発生しているとの通知を受領していない、という内容の表明保証等を売主から買主にしていました。

しかし、株式譲渡契約を締結し、契約を実行するまでの間に、A社が機械を販売した相手先から販売契約を解除されることが確実と見込まれる状況となったため、売主から買主に対してその旨メールで連絡がなされました。その後、株式の譲渡が実行された後に、A社が機械の販売先から販売契約を解除されたため、Aの企業価値が減少したとして買主が売主に対して損害賠償を請求しました。

これについて裁判所は、表明保証の正確性の判断基準は、買主が株式譲渡契約を実行するにあたり、的確な判断をするために必要な情報が正確に提供されたかどうかで判断すべきとし、本件については、機械の性能が要求仕様に大幅に未達の状態にあること等が開示されていたため表明保証の対象となる事項については、重要な点で不実の情報の開示があったこともないし、情報を開示しなかったという事実はないという判断をして、買主の請求を棄却しました。

このように、形式的に表明保証条項に違反したとしても、それのみでただちに表明保証違反の責任を負うのではなく、開示された情報が、的確な判断をするうえで必要なものかどうかという観点による限定がなされることがある点には注意が必要となります。

2　コベナンツ

コベナンツとは、もともとイギリスやアメリカの契約体系のなかで発展してきた概念で日本語では、「誓約」と訳されることが多いものです。

日本においては、契約上の主要な義務とは別の付随的な義務について契約当事者に負わせる場合に、コベナンツという概念を使用することがよくみられます。たとえば、取引実行に際して、必要な許認可の取得や届出を

第3章　取引基本契約書

行っておくことを誓約したりすることが考えられます。また、近時は、条例の整備等で反社会的勢力との取引を解除できること等を定めた反社排除条項を契約条項に入れる例も多くみられますが、これもコベナンツの一種といえます。

コベナンツの法的性質は、一般的には、契約上の義務と解されており、主たる義務以外の付随的義務について、コベナンツとして規定することが多くみられます。

そのため、契約の付随的義務に違反した場合に債務不履行解除ができるのかという問題になる可能性があるため、コベナンツ違反の場合に、解除が可能かどうか、事前に当事者間で合意により明確にしておくことが望ましいといえます。

なお、本書の対象外ですが、株式譲渡契約等のM&Aに関する契約においては、役員の変更や会社の運営（新株発行や借入、担保設定等）、競業避止等について、コベナンツの対象とされることがあります。

32 Change of Control 条項

Ⅰ 条項案

第 34 条（Change of Control──通知義務）

　売主は、次の各号のいずれかに該当する事項を行おうとする場合若しくは
当該事項を知った場合、当該事項の効力発生日の○ヶ月前までに、事後に当
該事項を知った場合には直ちに、買主に対し、書面にてその旨を通知する。

(1)　合併、会社分割、株式交換、株式移転、新株発行又は株式譲渡
（売主の発行済み株式の○％以上の株主の変動を生じないものは除く。）

(2)　前号以外の事由による売主の発行済み株式の○％以上の株主の変動

(3)　前二号のほか、売主の支配権の実質的な変動

第 35 条（Change of Control──解除権）

　合併、会社分割、株式交換、株式移転、新株発行、株式譲渡その他の事由
により、売主の発行済み株式の○％以上について株主の変動を生じた場合の
ほか、売主の支配権に実質的な変動を生じたと認められる場合、買主は、本
契約を解除することができる。

Ⅱ 条項作成上のポイント

1　Change of Control 事由

　条項案 14 条において、取引基本契約上の地位および取引基本契約に基
づく権利義務の譲渡等については、相手方当事者の事前の承諾が必要とさ
れています。

　しかし、契約当事者が株式会社であり、その発行済み株式の過半数が従
来の親会社とは異なる企業グループに取得されてしまい、その株主に大き

第3章　取引基本契約書

な変動を生じた場合等、上記の事由にはかならずしも該当しないものの、もはや取引基本契約を継続することがむずかしい場合があります。

本条項案では、そのような株主の変動を生じる典型的な事由として、合併、会社分割、株式交換、株式移転、新株発行、株式譲渡を列記し、それらの事由やその他の事由によって売主の発行済み株式の○％以上について株主の変動を生じた場合に Change of Control 事由に該当するものとしています。

また、本条項案では、上記のような株主の変動を生じた場合だけではなく、売主の株主の変動が売主の発行済み株式の○％未満にとどまる場合や、売主の株主の変動は生じないが、その支配権に実質的な変動を生じた場合も、Change of Control 事由に該当するものとしています。

2　通知義務

本条項案 34 条では、売主に対し、Change of Control 事由に該当する事項を行おうとする場合もしくは当該事項を知った場合には、当該事項の効力発生日の○か月前までに、事後に知った場合にはただちに、買主にその旨を通知するよう通知義務を課しています。

Change of Control 事由に該当する事項は、取引基本契約の相手方にすぎない買主には容易に知りえない事柄であり、買主が解除権の行使を検討する前提として、まずは当該事項を知る必要があることから、売主に当該事項の通知を義務づけるものです。

3　Change of Control の効果

本条項案 35 条では、Change of Control 事由が生じた場合に、買主に解除権が生じるものとしています。Change of Control 事由が生じた場合であっても、その後の取引関係の継続に特段の支障のない場合もありますので、契約関係の当然終了事由とはせず、解除権を行使するかどうかを買主が判断できるようにするためです。

236

Ⅲ　本条項案に関する留意事項

　取引基本契約は、相当長期間にわたって継続するものであり、契約当事者間での密接な情報交換や協働関係が必要となることから、契約当事者相互の信頼関係は、その成否にとってきわめて重要なファクターとなります。

　この点、垂直統合型の企業グループによるサプライチェーンの構築から、グローバルな水平分業による開発・製造・販売へと産業構造が大きく変化しているとはいえ、いうまでもなく、企業間、企業グループ間の競争関係は依然として存在しています。そのようななかで、競争関係にある企業・企業グループが取引基本契約の相手方当事者の親会社となり、あるいはその実質的支配権を獲得したような場合にも、従来どおりの取引関係を継続しなければならないとすると、個別の取引においても、事業全体においても大きなデメリットを被ることが考えられます。

　そのため、本条項案のような Change of Control 条項を設けて、そのようなデメリットを避けられるようにしておく必要があります。

本書で扱った取引基本契約書

第1条（目的）

買主及び売主は、○○を目的として本契約を締結し、各々、信義誠実の原則に従って、本契約及び個別契約に基づく権利を行使し、義務を履行するものとする。

第2条（適用範囲）

1　本契約は、別途書面により合意した場合を除き、買主及び売主間の本製品に関する全ての各個別契約に適用されるものとする。

2　個別契約の内容が本契約と異なる場合には、個別契約の定めが優先するものとする。

第3条（個別契約の成立等）

1　契約の目的物の名称、仕様、数量、価格、引渡期日、引渡方法、支払期日、支払方法その他売買契約に必要な事項は、本契約に定めるものを除き、個別契約にて別途定める。

2　個別契約は、買主が売主に対し、注文書その他注文内容を明示した文書（以下「注文書」という。）を送付し、売主による注文請書その他買主の注文に対する受諾の書面が買主に到達した時に成立する。ただし、買主から注文書を受領した日から○営業日以内に、売主から承諾の拒絶の意思表示がないときは、個別契約は成立したものとみなす。

3　個別契約の内容を変更する必要が生じたときは、買主と売主は協議の上変更できる。

第4条（価格）

1　売主は、買主に対し、見積書を提出するものとし、買主と売主は、売主から提出された見積書を前提に、契約の目的物の価格を協議の上決定する。

2　契約の目的物の価格は、特約のない限り、包装費、運賃、保険料その他一切の経費等を含むものとする。

第5条（受入検査）

1　買主は製品の受取り後、買主が定める検査方法及び検査基準に基づき受入検査を行うことができる。

2　買主は製品の品質確認のため事前に売主に通知の上、売主の事務所、工場等に買主の指定する者を派遣して、受入検査を行うことができる。

3　買主は、前二項に定める受入検査の結果、製品の種類、品質又は数量に関して契約の内容に適合しないもの（以下「契約不適合」という。）があるときは、直ち

にその旨を売主に通知するものとし、かかる通知がない場合、売主は契約不適合について何らの責任も負わないものとする。

第6条（検収）

1　第5条第1項の場合、受入検査に合格し、購買部門による検収をもって引渡完了とし、製品の所有権は当該引渡完了時に売主から買主に移転するものとする。

2　第5条第2項の場合、受入検査合格品を買主の指定場所に搬入し、購買部門による検収をもって引渡完了とし、製品の所有権は当該引渡完了時に売主から買主に移転するものとする。

第7条（品質保証）

売主は、買主に納入する製品が所定の品質を満足し、かつ信頼性のあるものであることを責任をもって保証するとともに、かかる保証義務を遂行するために適切なる品質保証体制を確立し、またその維持に努めるものとする。【なお、買主及び売主は別途に品質保証協定書を締結し、その詳細を定めることができるものとする。】

第8条（目的物の滅失等についての危険の移転）

第6条に基づき買主が検収する前に生じた製品の滅失、損傷その他の損害は、買主の責めに帰すべきものを除き売主が負担し、検収後に生じた製品の滅失、損傷その他損害は、売主の責めに帰すべきものを除き買主が負担する。

第9条（支払及び相殺）

1　買主は売主に対し、目的物の代金を、個別契約において別途定める方法により支払う。

2　買主は、本契約又は個別契約に基づき、売主から支払を受けるべき金銭債権を有する場合、当該金銭債権に係る売主の債務の弁済期が到来しているか否かを問わず、売主に対し、書面をもって通知することにより、いつでも当該金銭債権と前項に定める目的物の代金とを対当額で相殺することができる。

第10条（遅延損害金）

買主が代金の支払を怠ったときは、支払期日の翌日から弁済に至るまで年14.6%の割合による遅延損害金を売主に支払うものとする。

第11条（契約不適合の担保責任）

1　売主は、第5条第3項の通知を受けたときは、買主の指示に従い、①本製品の修理、代品の納品又は不足分の納品を行うものとし、②これらによる履行の追完が社会通念に照らして不能である場合には、契約不適合の程度に応じて代金の減

額を行う。

2 　前項の契約不適合が買主の責めに帰すべき事由によるものであるときはこの限りではない。

3 　第1項の規定は、買主による損害賠償請求及び解除権の行使を妨げない。

4 　製品に第5条第1項又は同条第2項に定める受入検査では直ちに発見できない契約不適合があり、買主が、検収後6ヶ月以内にその旨を通知したときも、前三項の例による。ただし、数量不足の場合はこの限りではない。

第12条（製造物責任）

1 　本契約若しくは個別契約に基づき、売主が買主に引き渡した製品の欠陥（当該製品が通常有すべき安全性を欠いていることをいい、製造上、設計上若しくは指示・警告上の欠陥を含むが、それらに限られない。以下同じ。）により、若しくはこれに起因して、買主の生命、身体又は財産等に損害、損失若しくは費用（以下「損害等」という。以下同じ。）を生じた場合、売主は、買主に対し、一切の損害等を賠償する責任を負うものとする。

2 　前項の製品の欠陥により、若しくはこれに起因して、第三者の生命、身体又は財産等に損害等を生じた場合、売主は、当該第三者に対し、一切の損害等を賠償する責任を負うものとし、その責任及び負担において、当該第三者と売主及び買主（もしあれば）との間の紛争を解決し、買主に一切の負担、迷惑を掛けないものとする。

3 　前項の場合において、買主が、当該第三者の損害等を賠償し（製造物責任法（平成6年法律第85号）第3条に基づく損害賠償義務を履行した場合を含む。）、当該第三者との間の紛争解決に際して、弁護士費用その他の費用を負担した場合、買主は、売主に対し、その賠償額及び負担額の全額を直ちに求償することができるものとし、売主は、買主に対し、それらを直ちに賠償するものとする。

4 　前三項にかかわらず、本契約に基づき、売主が買主に引き渡した製品の欠陥が、買主の指定した仕様書若しくは設計に関する買主の指示に従ったことにより生じ、かつ、当該欠陥が生じたことにつき売主に過失がないことを売主が立証した場合、売主は、当該欠陥につき本条に基づく責任を負わないものとする。

第13条（再委託禁止）

1 　売主は、その業務の全部又は一部を第三者に委託してはならない。ただし、あらかじめ買主の書面による承諾を得た場合はこの限りではない。

2 　前項ただし書により第三者に委託した場合であっても、売主は、本契約【及び個別契約】で負う責任を免れることはできない。

本書で扱った取引基本契約書

第14条（権利義務の譲渡等の禁止）

　買主及び売主は、本契約上の地位又は本契約に基づく一切の権利若しくは義務の
いずれについても、相手方の事前の書面による承諾がなければ、譲渡又は移転その
他の処分（担保権の設定を含む。）を行うことができないものとする。

第15条（不可抗力）

　暴風、豪雨、洪水、高潮、地震、落雷、地滑り、落盤、火災、騒乱、暴動、戦争、
テロ、その他不可抗力による本契約及び個別契約の全部又は一部（金銭債務を除く。）
の履行遅滞又は履行不能については、いずれの当事者も責任を負わない。

第16条（秘密保持）

1　買主及び売主は、本契約並びに個別契約の内容及び本契約又は個別契約の履行
　に関連して知得した相手方に関する一切の情報（以下「秘密情報」という。）につ
　いて、厳に秘密を保持するものとし、相手方の事前の書面による承諾がない限り、
　第三者に開示しないものとする。

2　買主及び売主は、秘密情報を本契約又は個別契約の履行に必要な範囲内におい
　てのみ使用するものとし、相手方の事前の書面による承諾がない限り、本契約又
　は個別契約の目的以外に一切使用しないものとする。

3　前二項の規定は、次の各号のいずれかに該当する情報（個人情報を除く。）には
　適用されないものとする。

　⑴　知得時に公知であった情報又は知得後にその責めに帰すべき事由によらずに
　　公知となった情報

　⑵　知得前から適法に保有していた情報

　⑶　知得後に、正当な権原を有する第三者より秘密保持義務を負うことなく適法
　　に取得した情報

　⑷　知得した情報と無関係に独自に開発した情報

　⑸　買主及び売主が、書面により秘密情報から除くことに合意した情報

4　第1項にかかわらず、買主及び売主は、次の各号による開示を行うことができ
　る。

　⑴　当該秘密情報の開示を受ける必要のある自己の役員及び従業員（以下「役員
　　等」という。）並びに自己が起用する弁護士、公認会計士、税理士、司法書士等
　　の外部の専門家（以下「外部専門家」という。）に対し、必要な範囲で開示する
　　場合（ただし、役員等又は外部専門家が、少なくとも本条に定める秘密保持義
　　務と同等の秘密保持義務を法令等又は契約等に基づき負担する場合に限る。）

　⑵　法令等に基づき、政府、所轄官庁、規制当局、裁判所若しくは金融商品取引
　　所（外国政府、外国における同様の所轄官庁、規制当局、裁判所及び金融商品
　　取引所を含む。）により秘密情報の開示を要請され、又は義務付けられた場合（た

242

だし、当該法令等により禁止される場合を除き、当該要請又は義務付けの事実を相手方に対して直ちに通知するとともに、当該秘密情報の秘密管理性又は非公知性を維持するために合理的に可能な手段を取る場合に限る。）

5　買主及び売主は、本契約及び関連する個別契約の目的が終了した場合又は相手方より求められた場合は直ちに、秘密情報及びその複製物を返還又は廃棄するとともに、その旨認証するものとする。

6　本条の規定は、本契約の終了後も○年間、引き続き効力を有するものとする。

第17条の1（知的財産権の侵害）

1　売主は本製品について第三者の知的財産権を侵害していないことを保証する。

2　売主又は買主は、本製品が第三者の知的財産権を侵害する場合、又はそのおそれがある場合には、遅滞なく書面により相手方にその旨を通知しなければならない。

3　売主は、本製品が第三者の知的財産権を侵害していると第三者から主張され紛争が生じた場合には、自らの責任と負担において紛争を解決するものとする。ただし、当該侵害が買主の具体的指示に直接起因している場合はこの限りではない。

第17条の2（知的財産権の取扱い）

1　買主及び売主は、相手方から提示された図面、仕様書、試験データ、ノウハウ、アイデアその他の情報に基づいて発明、考案、意匠の創作、回路装置の創作又は著作物の創作（以下「発明等」という。）をなした場合には、速やかに相手方にその内容を通知し、その発明等に関する特許権、実用新案権、意匠権、回路配置利用権及び著作権（以下「本知的財産権」という。）の取扱いについて、両者協議の上、決定する。

2　買主及び売主間で本製品に関して共同研究又は共同開発が行われる場合、本知的財産権の成果の取扱いについては、別に買主及び売主が協議して定める。

第18条（中途解約）

買主及び売主は、相手方に対して、解約予定日の3ヶ月前までに書面により通知することにより、本契約【及び個別契約】を解約することができる。

第19条（期限の利益の喪失）

1　買主又は売主は、本契約又は個別契約の各条項に違反した場合、相手方からの請求により、本契約及び個別契約上の債務につき期限の利益を喪失し、相手方に対して、直ちにその債務を弁済するものとする。

2　買主又は売主は、次の各号のいずれかに該当した場合、何らの通知又は催告を要することなく当然に、本契約及び個別契約上の債務につき期限の利益を喪失し、

相手方に対して、直ちにその債務を弁済するものとする。

⑴ 関係官庁から営業許可の取消し、停止等の処分を受けたとき

⑵ 支払の停止若しくは支払不能の状態に陥ったとき、又は振り出した手形若しくは小切手に不渡りがあったとき

⑶ 破産手続開始、民事再生手続開始、会社更生手続開始、特別清算開始の申立てがあったとき

⑷ 解散の決議をしたとき

⑸ 仮差押え、仮処分、強制執行若しくは競売の申立てを受けたとき又は公租公課の滞納処分を受けたとき

⑹ 本契約又は個別契約に基づく金銭債務を履行しないとき

⑺ その他財産状態が悪化し、又は悪化するおそれがあると認められる相当の理由があるとき

第 20 条（解除）

1 買主又は売主は、相手方に前条第 1 項に該当する事由が生じた場合、相手方に対し、相当の期間を定めて催告した上で、本契約又は個別契約の全部又は一部を解除することができる。

2 買主又は売主は、相手方に前条第 2 項各号に該当する事由が生じた場合、何らの通知又は催告を要することなく、直ちに本契約又は個別契約の全部又は一部を解除することができる。

第 21 条（損害賠償）

1 売主又は買主が、本契約、個別契約又は付属契約に違反して相手方に損害を与えたときは、相手方に対して、その損害を賠償する責任を負う。

2 売主又は買主は、前項の規定により損害賠償の請求をすることができる場合において、次に掲げるときは、相手方に対し、債務の履行に代わる損害賠償の請求をすることができる。

⑴ 相手方の債務の履行が不能であるとき

⑵ 相手方がその債務の履行を拒絶する意思を明確に表示したとき

⑶ 本契約、個別契約又は付随契約が解除され、又は債務の不履行による契約の解除権が発生したとき

第 22 条（反社会的勢力の排除）

1 買主及び売主は、相手方に対し、自らが、本契約の締結日において、暴力団、暴力団員、暴力団員でなくなった時から 5 年を経過しない者、暴力団準構成員、暴力団関係企業、総会屋等、社会運動等標ぼうゴロ又は特殊知能暴力集団等、その他これらに準ずる者（以下これらを「反社会的勢力」という。）に該当しないこ

244

と、並びに次の各号のいずれにも該当しないことを表明し、かつ、将来にわたっても該当しないことを確約する。

(1) 反社会的勢力が経営を支配していると認められる関係を有すること

(2) 自らの役員（取締役、執行役、業務を執行する社員又はこれらに準ずる者をいう。）又はその経営に実質的に関与している者が反社会的勢力に該当し、若しくはそれらの者が反社会的勢力と社会的に非難されるべき関係を有すること

(3) 自ら若しくは第三者の不正の利益を図る目的又は第三者に損害を加える目的をもってするなど、不当に反社会的勢力を利用していると認められる関係を有すること

(4) 反社会的勢力に資金を提供し、又は便宜を供与するなどの関与をしていると認められる関係を有すること

(5) 反社会的勢力に自らの名義を利用させ、この契約を締結すること

2 買主及び売主は、相手方に対し、自ら又は第三者を利用して、次の各号のいずれに該当する行為も行わないことを確約する。

(1) 暴力的な要求行為

(2) 法的な責任を超えた不当な要求行為

(3) 取引に関して、強迫的な言動をし、又は暴力を用いる行為

(4) 風説を流布し、偽計を用い若しくは威力を用いて相手方の信用を毀損し、又は相手方の業務を妨害する行為

(5) その他前各号に準ずる行為

3 買主又は売主が、次の各号のいずれかに該当した場合、相手方は、何らの催告を要せずして、本契約を解除することができる。

(1) 第1項の表明のいずれかが事実に反したこと

(2) 前2項の確約のいずれかに違反したこと

4 前項により本契約が解除された場合であると否とを問わず、前項各号のいずれかに該当した者は、相手方に対し、前項各号のいずれかに該当したことにより相手方に生じた一切の損害を賠償するものとする。

5 第3項により本契約が解除された場合、被解除者は、相手方に対し、解除により生じた自らの損害について一切何らの請求も行わないものとする。

第23条（連帯保証人）

1 ○○（以下「本連帯保証人」という。）は、買主の連帯保証人として、本契約及び個別契約に基づき買主が売主に負担する一切の債務につき、極度額○円の範囲内で、買主と連帯して支払を保証する。

2 買主及び本連帯保証人は、売主が請求したときは、売主とともに、本契約及び個別契約に基づく買主の債務についての強制執行文言付公正証書の作成手続をしなければならない。

本書で扱った取引基本契約書

3　買主は、前項の公正証書作成に要する費用を負担する。

4　本連帯保証人は、買主から、本契約締結までに以下の事項に関する情報の提供を受けたことを確認する。

(1)　財産及び収支の状況

(2)　主たる債務以外に負担している債務の有無並びにその額及び履行状況

(3)　主たる債務の担保として他に提供し、又は提供しようとするものがあるときは、その旨及びその内容

5　売主は、本連帯保証人の請求があったときは、本連帯保証人に対し、遅滞なく、買主の債務の元本及び買主の債務に関する利息、違約金、損害賠償その他その債務に従たる全てのものについての不履行の有無並びにこれらの残額及びそのうち弁済期が到来しているものの額に関する情報を提供しなければならない。

6　買主が期限内の支払を怠り期限の利益を喪失したときは、売主は、本連帯保証人に対し、このことを知った時から2ヶ月以内にその旨を通知しなければならない。売主がこの期間内の通知をしなかったときは、売主は、本連帯保証人に対し、買主が支払を怠り期限の利益を喪失した時から通知を現にするまでに生じた遅延損害金（期限の利益を喪失しなかったとしても生ずべきものを除く。）に係る連帯保証債務の履行を請求することができない。

7　売主による本連帯保証人に対する履行の請求は、買主に対しても、その効力を生じる。

第24条（有効期間）

1　本契約の有効期間は、平成○年○月○日から○年間とする。ただし、期間満了の3ヶ月前までに両当事者のいずれからも書面による更新拒絶の意思表示のない場合、本契約は、同一の条件でさらに1年間更新されるものとし、以後同様とする。

2　本契約が期間満了又は両当事者いずれか一方による解約若しくは双方の合意による解約により終了したときに、すでに本契約に基づいて成立した個別契約があるときは、当該個別契約の買主・売主双方の履行が完了するまで、本契約の各条項は、なお効力を有するものとする。

第25条（分離可能性条項）

本契約又は個別契約の条項の一部が、理由の如何にかかわらず、無効若しくは違法と判断された場合においても、本契約又は個別契約のその余の規定の有効性及び適法性は、そのことにより一切影響を受けない。

第26条（完全合意条項）

本契約は、本契約締結時における買主・売主間の合意の全てを規定するものであ

り、本契約締結以前における買主・売主間の明示又は黙示の合意、協議、申入れ、各種資料等は、本契約の内容と相違する場合には、その効力を有しない。

第 27 条（残存条項）

　本契約がいかなる事由により終了した場合においても、第○条、第○条……の規定は、引き続きその効力を有する。

第 28 条（管轄裁判所）

　本契約及び個別契約に関する訴訟の第一審の専属的合意管轄裁判所は、○○地方裁判所とする。

第 29 条（誠実協議義務）

　本契約若しくは個別契約に定めのない事項又は本契約若しくは個別契約の解釈の疑義については、買主及び売主間で誠実に協議の上、これを解決するものとする。

第 30 条（最低取引量）

1　買主は、各年 4 月 1 日から翌年 3 月末日までの間（以下「事業年度」という。）において、本製品を最低○個（以下「最低取引量」という。）購入しなければならない。なお、本契約が事業年度の途中で締結又は終了した場合は、最低取引量は日割計算で算出する。
2　本製品の代金が売主に支払われたことをもって、前項における購入があったものとする。
3　各事業年度において、第 1 項の最低取引量に達しなかった場合、買主は、売主に対し、実際の取引量と最低取引量との差に相当する代金相当額を支払う。
4　売主は、買主に対し、各事業年度において、本製品を○個供給する義務を負う。

第 31 条（環境保護）

1　買主及び売主は、その企業活動において汚染、廃棄物、材料ロス等の排除及び省エネルギー、省資源、リサイクルに努めることにより、地球環境に与える負荷を軽減すること等を目的とする環境保全活動を推進する。また、売主は、買主の環境方針の主旨を理解し、材料・部品供給、廃棄物処理等に際して環境への配慮と事故等の防止に努める。
2　売主は、買主に対し、目的物が買主の定める書面（電子データを含む）等により通知した化学物質（以下「環境負荷物質」という。）中の禁止物質（以下「禁止物質」という。）に該当しないこと及び禁止物質を含有しないことを表明保証し、目的物の製造過程において禁止物質を使用しないことを誓約する。
3　売主は、納入した目的物が禁止物質に該当し、又は禁止物質を含有し、若しく

本書で扱った取引基本契約書

は目的物の製造過程において禁止物質が使用されていることを知った場合、買主
に速やかに通知する。
4　売主は、目的物が、環境負荷物質中の管理物質（以下「管理物質」という。）に
該当し、又は管理物質を含有し、若しくは目的物の製造過程において管理物質を
使用する場合には、買主への目的物の納入に先立ち、その旨を買主が定める書面
（電子データを含む）等により通知する。
5　買主は必要に応じて売主の工場、事務所等及び売主の委託先に事前通知の上、
立ち入り、本条の遵守の有無を確認するための検査等を行うことができる。売主
は、買主が売主の工場、事務所等に立ち入り、当該検査を行うことを承諾すると
ともに、買主が売主の委託先に立ち入り、当該検査を行うことができるよう売主
の委託先に徹底し、併せて売主の委託先への立ち入り、当該検査に支障のないよ
うに便宜を図る。
6　売主が本条の規定に違反し買主に損害を与えた場合、売主は買主に対しその一
切の損害を賠償する。

第32条（買主による表明保証）

買主は、本契約締結日において、売主に対し、次の各号に規定する事項が真実か
つ正確であることを表明し、保証する。
⑴　買主は、日本法のもとで適法に設立され、有効に存続する株式会社であって、
現在従事している事業を行い、かつ、本契約の締結及び履行のために必要な権
利能力及び行為能力を有すること
⑵　買主による本契約の締結及び履行は、買主の事業目的の範囲内の行為であり、
買主は本契約の締結及び履行につき、法令等上及び買主の社内規則において必
要な一切の手続を履践していること
⑶　買主による本契約の締結及び履行は、①買主に対して適用される一切の法令
等に反するものではなく、②買主の定款その他の社内規則に違反するものでは
なく、③買主を当事者とする契約その他の合意（以下、総称して「契約等」と
いう。）の債務不履行事由、解除事由又は期限の利益喪失事由（以下、総称して
「債務不履行事由等」という。）を構成するものではなく、④司法・行政機関の
判決、決定、命令、裁判上の和解、仲裁判断、免許、認可、通達、行政指導そ
の他の判断（以下「司法・行政機関の判断」という。）に反するものではないこ
と

第33条（売主による表明保証）

売主は、本契約締結日において、買主に対し、次の各号に規定する事項が真実か
つ正確であることを表明し、保証する。
⑴　売主は、日本法のもとで適法に設立され、有効に存続する株式会社であって、

本書で扱った取引基本契約書

現在従事している事業を行い、かつ、本契約の締結及び履行のために必要な権利能力及び行為能力を有すること

(2) 売主による本契約の締結及び履行は、売主の事業目的の範囲内の行為であり、売主は本契約の締結及び履行につき、法令等上及び売主の社内規則において必要な一切の手続を履践していること

(3) 売主による本契約の締結及び履行は、①売主に対して適用される一切の法令等に反するものではなく、②売主の定款その他の社内規則に違反するものではなく、③売主を当事者とする契約等の債務不履行事由等を構成するものではなく、④司法・行政機関の判断に反するものではないこと

第34条（Change of Control——通知義務）

売主は、次の各号のいずれかに該当する事項を行おうとする場合若しくは当該事項を知った場合、当該事項の効力発生日の○ヶ月前までに、事後に当該事項を知った場合には直ちに、買主に対し、書面にてその旨を通知する。

(1) 合併、会社分割、株式交換、株式移転、新株発行又は株式譲渡
（売主の発行済み株式の○％以上の株主の変動を生じないものは除く。）

(2) 前号以外の事由による売主の発行済み株式の○％以上の株主の変動

(3) 前二号のほか、売主の支配権の実質的な変動

第35条（Change of Control——解除権）

合併、会社分割、株式交換、株式移転、新株発行、株式譲渡その他の事由により、売主の発行済み株式の○％以上について株主の変動を生じた場合のほか、売主の支配権に実質的な変動を生じたと認められる場合、買主は、本契約を解除することができる。

事項索引

欧　文

Change of Control 条項 …………… 183, 235
CSR ……………………………………… 228
Parol Evidence Rule ……………………… 212

あ　行

悪意 ………………………………………… 56
アサインバック ………………………… 167
異議をとどめない承諾 ………………… 61
因果関係 ……………………………… 24, 187
受入検査 ………………………………… 113
受取証書 …………………………………… 95
営業秘密 ………………………………… 159
営業秘密管理指針 ……………………… 160

か　行

解除 …………………………………… 30, 177
　　──権の消滅 ………………………… 38
　　──の効果 …………………………… 36
買いたたき ……………………………… 112
外部証拠ルール ………………………… 212
解約予告期間 ……………………… 8, 169
隠れた瑕疵 ……………………………… 134
貸金等根保証契約 ……………………… 50
瑕疵担保責任 ……………………… 73, 114
果実 ………………………………………… 37
過失相殺 ………………………………… 190
環境条項 ………………………………… 226
完成猶予 …………………………… 82, 86
完全合意条項 …………………………… 211
元本確定事由 …………………………… 49
危険移転 …………………………………… 92
期限の利益 ……………………………… 172
危険負担 …………………………… 40, 120

基準割合 ………………………………… 13
帰責事由 ……………………… 17, 31, 35
客観的起算点 …………………………… 83
協議 ………………………………………… 90
　　──による時効の完成猶予 ……… 82
供給義務 ………………………………… 223
競業避止義務 …………………………… 214
強行規定 ………………………………… 29
供託 ………………………………………… 56
供託金の還付請求 ……………………… 57
共同開発 ………………………………… 167
共同研究 ………………………………… 167
極度額 ……………………………………… 48
グラントバック ………………………… 167
形成権 ……………………………………… 77
継続的契約 ………………………………… 2
　　──（取引）の解消 ………… 8, 181
契約自由の原則 ………………………… 129
契約上の地位の移転 …………………… 149
契約責任説 ………………………… 73, 134
契約の成立 ………………………………… 4
契約不適合 ………………………… 74, 114
　　──の担保責任 …………… 132, 134
契約（法律行為）の解釈 …………… 103
欠陥 ……………………………………… 139
検査義務 …………………………… 74, 115
検査通知義務 …………………………… 114
原始的不能 ……………………………… 18
検収 ……………………………………… 114
合意管轄 ………………………………… 216
更新 ………………………………… 82, 86
　　──拒絶 …………………………… 207
公正証書 ………………………………… 50
拘束条件付取引 ………………………… 167
抗弁放棄の意思表示 …………………… 62

事項索引

個人情報取扱事業者……………………161
個人情報保護法……………………………160
個別契約……………………………………107
コベナンツ…………………………………233

さ 行

再委託禁止…………………………………142
債権者主義…………………………40, 42, 121
（債権）譲渡制限特約…………………53, 145
債権譲渡登記…………………………………61
債権譲渡と相殺………………………………62
債権譲渡の対抗要件…………………………61
催告……………………………………55, 88
催告解除……………………………………179
催告によらない解除………………………32, 179
財産的損害……………………………………26
最低取引量…………………………………220
債務者主義……………………………40, 121
債務の履行に代わる損害賠償
　………………………………18, 20, 22, 185
債務引受……………………………………148
債務不履行……………………………………17
　軽微な――…………………………………31
差押え…………………………………………59
差止め………………………………………163
残存条項……………………………………213
事業性借入……………………………………50
施行期日………………………………………12
時効の援用……………………………………83
自己執行原則………………………………142
事情変更の原則……………………………153
下請法………………………………109, 125, 129
執行認諾文言付公正証書…………………200
自動更新条項………………………………206
支払時期……………………………………124
支払場所……………………………………124
自由心証主義………………………………212
主観的起算点…………………………………83
受発注義務……………………………………5

受領義務………………………………………93
受領遅滞…………………………………91, 92
種類債権………………………………………41
消極的損害……………………………………26
商事消滅時効…………………………………82
商事法定利率…………………………………15
承認……………………………………84, 89
情報提供義務……45, 46, 47, 201, 202, 203
消滅時効………………………………………81
将来効…………………………………………7
将来債権譲渡…………………………………59
初日不算入の原則…………………………207
侵害警告……………………………………164
請求失期……………………………………172
誠実協議義務………………………………219
製造業者等…………………………………138
製造物責任…………………………………136
積極的損害……………………………………26
絶対的効力……………………………………51
善意…………………………………………56
専属的合意管轄……………………………216
選択的（付加的）合意管轄………………217
増加費用………………………………………92
早期決済の禁止……………………………125
相殺禁止特約…………………………………67
相殺の充当……………………………………71
相殺の担保的機能…………………………126
相殺予約……………………………………125
相対的効力……………………………51, 204
相当因果関係……………………25, 27, 187
損害…………………………………………25
損害賠償…………………………………17, 19
　――額の予定……………………………188

た 行

代金減額請求権…………………76, 132, 135
代償請求権…………………………………191
遅延損害金…………………………12, 14, 128
知的財産権…………………………………163

252

事項索引

中断‥‥‥‥‥‥‥‥‥‥‥‥‥‥‥82, 85
中途解約条項‥‥‥‥‥‥‥‥‥‥‥‥168
追完義務‥‥‥‥‥‥‥‥‥‥‥‥‥‥‥76
追完請求権‥‥‥‥‥‥‥‥‥76, 132, 135
通常損害‥‥‥‥‥‥‥‥‥‥‥‥28, 187
通知義務‥‥‥‥‥‥‥‥‥‥‥‥74, 115
定期行為‥‥‥‥‥‥‥‥‥‥‥‥‥‥‥34
定型約款‥‥‥‥‥‥‥‥‥‥‥‥‥‥‥96
停止‥‥‥‥‥‥‥‥‥‥‥‥‥‥‥82, 85
適用範囲‥‥‥‥‥‥‥‥‥‥‥‥‥‥105
でんさいネット‥‥‥‥‥‥‥‥‥‥‥127
電子記録債権‥‥‥‥‥‥‥‥‥‥‥‥127
天然果実‥‥‥‥‥‥‥‥‥‥‥‥‥‥‥37
填補賠償‥‥‥‥‥‥‥‥‥‥‥‥‥‥‥21
倒産解除特約‥‥‥‥‥‥‥‥‥‥‥‥181
同時履行の抗弁権‥‥‥‥‥‥‥‥‥‥179
当然失期‥‥‥‥‥‥‥‥‥‥‥‥‥‥172
独占禁止法‥‥‥‥‥‥‥‥‥‥‥‥‥167
独占的な販売権‥‥‥‥‥‥‥‥‥‥‥223
特定‥‥‥‥‥‥‥‥‥‥‥‥‥‥41, 192
特定物債権‥‥‥‥‥‥‥‥‥‥‥‥‥41
特定物債務‥‥‥‥‥‥‥‥‥‥‥‥‥42
特別損害‥‥‥‥‥‥‥‥‥28, 187, 188

な 行

2段の推定‥‥‥‥‥‥‥‥‥‥‥‥‥109
任意規定‥‥‥‥‥‥‥‥‥‥‥‥‥‥‥29
根保証‥‥‥‥‥‥‥‥‥‥‥‥‥‥‥‥48

は 行

賠償‥‥‥‥‥‥‥‥‥‥‥‥‥‥‥‥‥29
売買契約に関する費用‥‥‥‥‥‥‥‥111
反社会的勢力‥‥‥‥‥‥‥‥‥‥‥‥194
非財産的損害‥‥‥‥‥‥‥‥‥‥‥‥‥26
秘密情報の保護ハンドブック‥‥‥‥160
秘密保持義務‥‥‥‥‥‥‥‥‥‥‥‥156
秘密保持条項‥‥‥‥‥‥‥‥‥‥‥‥156
表明保証‥‥‥‥‥‥‥‥‥‥‥‥‥‥230
品質‥‥‥‥‥‥‥‥‥‥‥‥‥‥‥‥‥94

――基準‥‥‥‥‥‥‥‥‥‥‥‥‥116
――保証‥‥‥‥‥‥‥‥‥‥‥‥‥117
不安の抗弁権‥‥‥‥‥‥‥‥‥‥‥‥179
不可抗力‥‥‥‥‥‥‥‥‥‥‥150, 191
――条項‥‥‥‥‥‥‥‥‥‥‥‥‥150
付款‥‥‥‥‥‥‥‥‥‥‥‥‥‥‥‥107
不公正な取引方法‥‥‥‥‥‥‥214, 223
不法行為‥‥‥‥‥‥‥‥‥‥‥‥‥‥‥68
分離可能性条項‥‥‥‥‥‥‥‥‥‥‥209
併存的債務引受‥‥‥‥‥‥‥‥‥‥‥148
弁済提供‥‥‥‥‥‥‥‥‥‥‥‥‥‥‥93
法定解除‥‥‥‥‥‥‥‥‥‥‥‥30, 176
法定果実‥‥‥‥‥‥‥‥‥‥‥‥‥‥‥37
法定責任説‥‥‥‥‥‥‥‥‥‥‥73, 134
法定利率‥‥‥‥‥‥‥‥‥‥‥‥12, 15
暴力団員による不当な行為の防止等に
　関する法律‥‥‥‥‥‥‥‥‥‥‥197
暴力団排除条例‥‥‥‥‥‥‥‥‥‥‥198
保管義務の軽減‥‥‥‥‥‥‥‥‥‥‥92
補償‥‥‥‥‥‥‥‥‥‥‥‥‥‥‥‥‥29

ま 行

無催告解除→催告によらない解除
無制限説‥‥‥‥‥‥‥‥‥‥‥‥63, 70
免責事由‥‥‥‥‥‥‥‥‥‥17, 185, 191
免責的債務引受‥‥‥‥‥‥‥‥‥‥‥148
目的条項‥‥‥‥‥‥‥‥‥‥‥‥‥‥102

や 行

約定解除‥‥‥‥‥‥‥‥‥30, 176, 178
約定利率‥‥‥‥‥‥‥‥‥‥‥‥12, 15
優越的地位の濫用‥‥‥‥‥‥‥‥‥‥167
有効期間‥‥‥‥‥‥‥‥‥‥‥‥‥‥205
預貯金債権‥‥‥‥‥‥‥‥‥‥‥‥‥65

ら 行

履行拒絶権‥‥‥‥‥‥‥‥‥‥‥‥‥42
履行遅滞中‥‥‥‥‥‥‥‥‥‥‥‥‥23
履行不能‥‥‥‥‥‥‥‥‥‥‥‥‥‥‥23

253

事項索引

履行補助者の過失…………………… 144
利息制限法………………………… 129

連帯保証………………………………… 199

執筆者紹介

荒川　雄二郎（あらかわ・ゆうじろう）

1994 年立命館大学法学部卒業、1997 年司法試験合格、2000 年司法修習修了（第52 期）、弁護士登録（大阪弁護士会）、同年北浜法律事務所入所、2002 年登録換え（第一東京弁護士会）、同年弁護士法人北浜パートナーズ東京事務所勤務、2007 年米国 California 州 University of Southern California LL.M 修了、2007 年シンガポール共和国 Rajah & Tann 法律事務所勤務、2008 年弁護士法人北浜法律事務所東京事務所に復帰、2009 年パートナーに就任

中西　敏彰（なかにし・としあき）

2000 年司法試験合格、2001 年京都大学法学部卒業、2002 年司法修習修了（第55 期）、弁護士登録（大阪弁護士会）、同年北浜法律事務所入所、2009 年パートナーに就任

酒井　大輔（さかい・だいすけ）

1999 年神戸大学法学部卒業、2001 年司法試験合格、2003 年司法修習修了（第56 期）、弁護士登録（大阪弁護士会）、同年北浜法律事務所入所、2005 年弁護士法人北浜パートナーズに移籍、2009 年バンダービルト大学ロー・スクール（米国テネシー州）LL.M 修了、2009 年監査法人 KPMG インド（デリー事務所）勤務、2010 年ニューヨーク州弁護士登録、同年弁護士法人北浜法律事務所東京事務所に復帰、2012 年パートナーに就任

橋本　道成（はしもと・みちしげ）

2004 年東京大学法学部卒業、2006 年九州大学法科大学院修了、同年司法試験合格、2007 年司法修習修了（第 60 期）、弁護士登録（福岡県弁護士会）、同年弁護士法人北浜法律事務所福岡事務所入所、2017 年如水法律事務所設立

阿久津　匡美（あくつ・まさみ）

2004 年筑波大学第三学群工学システム学類卒業、2007 年明治大学法科大学院修了、同年司法試験合格、2008 年司法修習修了（第 61 期）、同年弁護士登録（第二東京弁護士会）、2014 年～2016 年経済産業省経済産業政策局知的財産政策室

執筆者紹介

勤務、2016 年弁護士法人北浜法律事務所東京事務所入所

佐野　俊明（さの・としあき）
2001 年慶應義塾大学経済学部卒業、2001 年 4 月より日興ソロモン・スミス・バーニー証券会社勤務、2008 年九州大学法科大学院修了、同年司法試験合格、2009 年司法修習修了（第 62 期）、弁護士登録（福岡県弁護士会）、2010 年 1 月より株式会社西日本シティ銀行勤務、2012 年弁護士法人北浜法律事務所福岡事務所入所、2016 年パートナーに就任

平田　えり（ひらた・えり）
2009 年九州大学法学部卒業、2011 年慶應義塾大学法科大学院修了、同年司法試験合格、2012 年司法修習修了（第 65 期）、弁護士登録（福岡県弁護士会）、同年弁護士法人北浜法律事務所福岡事務所入所、2017 年西村あさひ法律事務所（第一東京弁護士会）入所

太田　慎也（おおた・しんや）
2010 年京都大学法学部卒業、2012 年京都大学法科大学院修了、同年司法試験合格、2013 年司法修習修了（第 66 期）、弁護士登録（大阪弁護士会）、同年北浜法律事務所入所

金水　孝真（きんすい・たかまさ）
2010 年京都大学法学部卒業、2012 年京都大学法科大学院修了、同年司法試験合格、2013 年司法修習修了（第 66 期）、弁護士登録（大阪弁護士会）、同年北浜法律事務所入所、2017 年清和法律事務所（大阪弁護士会）入所

浅沼　大貴（あさぬま・だいき）
2010 年法政大学法学部卒業、2013 年明治大学法科大学院卒業、同年司法試験合格、2014 年司法修習修了（第 67 期）、弁護士登録（第一東京弁護士会）、弁護士法人北浜法律事務所東京事務所入所

＊所属は 2018 年 4 月 15 日現在。

民法改正対応
取引基本契約書作成・見直しハンドブック

2018年5月20日　初版第1刷発行

編　　者　　北浜法律事務所

発 行 者　　塚　原　秀　夫

発 行 所　　株式会社　商 事 法 務

〒103-0025　東京都中央区日本橋茅場町3-9-10
TEL 03-5614-5643・FAX 03-3664-8844〔営業部〕
TEL 03-5614-5649〔書籍出版部〕
http://www.shojihomu.co.jp/

落丁・乱丁本はお取り替えいたします。
© 2018 北浜法律事務所
Shojihomu Co., Ltd.
ISBN978-4-7857-2625-6
＊定価はカバーに表示してあります。

印刷／三報社印刷㈱
Printed in Japan

JCOPY＜出版者著作権管理機構　委託出版物＞
本書の無断複製は著作権法上での例外を除き禁じられています。
複製される場合は、そのつど事前に、出版者著作権管理機構
（電話 03-3513-6969、FAX 03-3513-6979、e-mail：info@jcopy.or.jp）
の許諾を得てください。